Andreas R. Batlogg
Aus dem Konzil geboren

Andreas R. Batlogg

AUS DEM KONZIL GEBOREN

Wie das II. Vatikanische Konzil
der Kirche den Weg
in die Zukunft weisen kann

Tyrolia-Verlag · Innsbruck-Wien

Inhalt

Geleitwort

34 Jahre war ich alt, als ich im September 1962 als Berichterstatter für die Katholische Nachrichten-Agentur nach
Rom kam. Die Ewige Stadt war mir vertraut: Seit 1947 lebte ich als Seminarist des Bistums Speyer im Germanicum,
habe an der Gregoriana studiert, wurde 1953 in Rom zum
Priester geweiht und 1955 promoviert. Hier hatte ich das
überkommene, in sich steril gewordene neuscholastische
Schulsystem kennengelernt, das wenig Lebensrelevanz
besaß. Wir waren als angehende Priester überhaupt nicht
dafür gerüstet, es mit den Fragen der Zeit aufzunehmen.
Die Ankündigung von Papst Johannes XXIII., ein Konzil
einzuberufen, ließ mich deswegen im Januar 1959 aufhorchen. Begeistert war ich nicht. Was sollte dabei schon her-
auskommen? Doch es kam anders.

Das Zweite Vatikanische Konzil war ein riesiger Aufbruch: der Versuch, Anschluss an die Moderne zu finden.
Ins Gespräch zu kommen mit den Themen der Gegenwart. Es gibt großartige und weniger gelungene Texte, die
auf dem Konzil erarbeitet und verabschiedet wurden. Sie
wirken bis heute nach. Und sie verpflichten uns weiterhin.
Die Frage ist: Wie dem Auftrag von damals sechzig Jahre
später nachkommen? Johannes XXIII. hatte es in das Motto
»Aggiornamento« gepackt: die Kirche auf die Höhe der Zeit

bringen. Zu lange hatte sie nur um sich selbst gekreist. Davor, nämlich vor der Selbstbezogenheit (»autorreferencialidad«) der Kirche, hat der Erzbischof von Buenos Aires, der Jesuitenkardinal Jorge Mario Bergoglio, bei den Beratungen im Vorkonklave im März 2013 gewarnt. Kurz darauf war er zum Bischof von Rom gewählt.

Von 1957 bis 1998 Mitglied der Redaktion der *Stimmen der Zeit*, konnte ich von 1966 an als deren Herausgeber und Chefredakteur den Kurs der ältesten katholischen Kulturzeitschrift eng mit dem Konzil verbinden und zu einer Plattform für den offenen, angstfreien Dialog mit Themen in Kirche und Welt machen. Spannungsfrei war das nie, konnte es gar nicht sein. Die »Würzburger Synode« (1971–1975) war der groß angelegte Versuch, das Konzil in der deutschen Ortskirche zu implementieren. Gelungen ist das nur zum Teil. Viele der heutigen Reformforderungen und -wünsche des Synodalen Weges gab es damals schon. Sie blieben in Rom unbeantwortet, wurden in der Folge durch päpstliche Entscheidungen ausgebremst oder durch bischöfliche Personalentscheidungen konterkariert. Meine beiden Nachfolger Martin Maier SJ (1998–2009) und Andreas R. Batlogg SJ (2009–2017) haben als Chefredakteure Kurs gehalten und dafür so manchen Konflikt mit vatikanischen Stellen riskiert.

Ich kann nur davor warnen zu meinen, das Konzil habe sich, nur weil es sechs Jahrzehnte zurückliegt, erledigt. Es ist nicht passé. Deswegen ist es nicht nur wichtig, an das Zweite Vatikanum zu erinnern, sondern auch dafür zu werben, seine Texte weiterhin ernst zu nehmen, fortzuschreiben und so Kirche zukunftsfähig zu machen.

Mittlerweile schaue ich auf 94 Lebensjahre zurück. Kein anderes Ereignis hat mein Leben mehr geprägt als dieses Konzil. Ich hoffe, dass auch kommende Generationen erfahren können oder verstehen lernen, welche weit über seine unmittelbare Zeit hinausreichende Wirkung es bis heute hat. Dieses Buch kann dabei helfen.

Wolfgang Seibel SJ

Vorwort

Sechzig Jahre – ein Menschenalter. Vor sechzig Jahren, am 11. Oktober 1962, wurde das Zweite Vatikanische Konzil (1962–1965) eröffnet: das vielleicht wichtigste Ereignis der römisch-katholischen Kirche im 20. Jahrhundert. Acht Tage zuvor, am 4. Oktober, laut Geburtsurkunde um 7:45 Uhr, hat mich meine Mutter zur Welt gebracht.

Für die einen liegt das letzte Konzil lange zurück: Es ist ferne Vergangenheit, Kirchengeschichte, wie das Erste Vatikanum (1869/70) oder das Reformkonzil von Trient (1545–1563). Andere sprechen von einem »unerledigten« Konzil. Wieder andere meinen, der momentane Problemstau in der Kirche, längst nicht nur nördlich der Alpen, rufe geradezu nach einem neuen Konzil. Weil es mit lokalen Lösungen nicht mehr getan sei.

Gelten die sechzehn Texte (vier Konstitutionen, neun Dekrete, drei Erklärungen) noch, die damals beschlossen wurden? Spielt, was die Bischöfe aus aller Welt damals auf den Weg gebracht haben, noch eine Rolle? Enthalten diese Texte vielleicht ungehobenes Potential? Vielleicht übersehene Möglichkeiten? Und vor allem: Nutzen diese Konstitutionen, Dekrete und Erklärungen heute bei der Bewältigung unserer aktuellen Probleme in der Kirche? Helfen sie weiter? Oder taugen sie dafür nicht mehr – und sind bestenfalls noch historisch bedeutsam?

Am 13. März 2013 ist der Erzbischof von Buenos Aires, Kardinal Jorge Mario Bergoglio, zum Bischof von Rom gewählt worden – zum ersten Mal in der Geschichte ein Jesuit. Er beruft sich immer wieder auf das Zweite Vatikanum. Es war für ihn »eine neue Lektüre des Evangeliums im Licht der zeitgenössischen Kultur«. Papst Franziskus stellte ausdrücklich und unmissverständlich klar: »Es hat eine Bewegung der Erneuerung ausgelöst, die aus dem Evangelium selbst kommt. Die Früchte waren enorm.« Aus seiner Sicht ist längst noch nicht abgearbeitet, was dieses Konzil angestoßen hat. Dass er den »Erfinder« des Zweiten Vatikanums, Papst Johannes XXIII., am 27. April 2014 (zusammen mit Papst Johannes Paul II.) heiliggesprochen hat, war ein wichtiges Signal, jenseits der persönlichen Wertschätzung für den Roncalli-Papst.

Dieses Buch schaut zurück – und nach vorn. Es sortiert – und es fragt, wie wir mit dem Erbe des Konzils umgehen (können). Erst recht jetzt, da Papst Franziskus so sehr auf das Instrument der Synodalität setzt: das gemeinsame Suchen nach Lösungen, damit die Kirche in den Stürmen der Zeit bestehen kann. Und damit sie zukunftsfähig ist, weil sie sich als alltags- und krisentauglich erweist. Abzusehen ist längst noch nicht, wohin die gegenwärtigen Verwerfungen, Spannungen und Konflikte führen, die oft direkt (oder indirekt) mit dem letzten Konzil in Verbindung gebracht werden.

Der Leiter des Tyrolia-Verlags, Mag. Gottfried Kompatscher, hat dieses Buch angeregt. Mag. Brunhilde Steger hat es professionell lektoriert – und seinen Verfasser mit diskreter Beharrlichkeit betreut. Prof. Dr. Franz Xaver Bischof (Ludwig-Maximilians-Universität München) verdanke ich wertvolle Hinweise. Dr. Astrid Schilling hat, wie schon früher, mit bewährter Zuverlässigkeit Druckfahnen gelesen.

München, 31. Juli 2022   *Andreas R. Batlogg SJ*

1.

Wir Kinder des Konzils

»Konzilskinder«: Ich, Andreas Richard Batlogg – ein »Kind des Konzils«? Vom Zweiten Vatikanischen Konzil, oft abgekürzt Zweites Vatikanum genannt, habe ich zunächst überhaupt nichts mitbekommen. Wie sollte ich auch? Als die *Campanone*, die neun Tonnen schwere Glocke des Petersdomes, die nur bei seltenen Anlässen wie beim Tod eines Papstes oder nach dem Segen »Urbi et orbi« zum Einsatz kommt, am 11. Oktober 1962 kurz nach halb zehn Uhr vormittags erklang – zum feierlichen Einzug von fast 2500 Bischöfen, Patriarchen und Kardinälen, die in langen Kolonnen vom Apostolischen Palast über die *Scala Regia* herunterstiegen und über die *Piazza di San Pietro* zogen –, war ich gerade einmal acht Tage alt. Meine Eltern wohnten damals noch bei meinen Großeltern. Die drei jüngeren Schwestern meiner Mutter, besonders meine Taufpatin Gerti, sahen in mir so etwas wie eine lebendige Puppe und verwöhnten den Säugling nach Strich und Faden, wo sie nur konnten.

Die Pfarrei, in der ich aufwuchs, wurde von 1962 bis 1966 im Bregenzer Stadtteil Rieden errichtet: ein moderner Kirchenbau samt Pfarrzentrum am Fuße des Gebhardsberges, wo für junge Familien die Feldmoos- und die Weidach-Siedlung entstanden waren. Nach dem irischen Wandermönch und Missionar Kolumban benannt, verdankt sie ihre Gründung und den Aufbau in den ersten Jahrzehnten einem aus der Schweiz stammenden, nach dem Studium in Vorarlberg hängen gebliebenen Pfarrer, der, worauf wir mit einigem Stolz sahen, in New York zur Welt gekommen war, weswegen er auch die US-amerikanische Staatsbürgerschaft besaß. Die innen vollständig von dem Kölner Goldschmied, Bildhauer und Maler Egino Weinert ausgestattete Kirche hat drei Bankreihen. Sie sind wie der Plenarsaal eines Parlaments auf den Volksaltar ausgerichtet.

Einen Hochaltar in der Apsis einer Kirche sah ich als Kind nur in der Riedenburg. Dort ging ich bei Sacré-Cœur-Schwestern in den Kindergarten und in die Volksschule. Diese begann für mich im Herbst 1969, wenige Wochen nach der ersten Mondlandung, an die ich mich noch erinnere, weil wir damals einen Fernseher bekamen. Schwarzweiß natürlich. Jahrelang war ich Ministrant in der neugotischen Klosterkirche oder in der Winterkapelle der Riedenburg. Dort »roch« es ganz anders nach Kirche als in St. Kolumban, wo ich mich erst als Jugendlicher heimisch zu fühlen begann. Auch in der Mutterpfarrei der Landeshauptstadt, in St. Gallus, gab es einen Hochaltar, außerdem ein Chorgestühl, das bis zur Aufhebung im Jahr 1806 in der Benediktinerabtei Mehrerau stand, die 1854 wiederbesiedelt wurde: von Zisterziensern, die aus Wettingen (Schweiz) vertrieben worden waren.

Vielleicht lag es am Kirchenbau, der einem Schiff nachempfunden ist (Kolumban und Gallus kamen über den Bodensee nach Bregenz), vielleicht am aufgeschlossenen

Pfarrer: St. Kolumban atmete den neuen »Geist des Konzils«, der mehr auf ein Miteinander aller Gläubigen, das »pilgernde Volk Gottes«, setzte als auf ein Gegenüber zwischen Klerus und Gläubigen. Der vom Dogmatikprofessor Peter Neuner festgestellte »Abschied von der Ständekirche« (2015) – ein, wie der Untertitel seines Buches lautet, »Plädoyer für eine Theologie des Gottesvolkes« – war hier, jedenfalls architektonisch, bereits Realität geworden.

Vom Konzil habe ich, wie gesagt, zunächst gar nichts mitbekommen. Richtig bewusst wurde mir, was dort passiert ist und was es auf den Weg brachte, erst im Laufe des Theologiestudiums. Im Herbst 1981 wagte ich mich auf die andere Seite des Arlbergs und trat für die Diözese Feldkirch in das Priesterseminar in Innsbruck ein. Das Studium an der Universität war spannend. Ich hatte gute, teils exzellente Professoren. Damals lehrten fast zwanzig Jesuiten an der Theologischen Fakultät, heute sind es keine fünf mehr. Dass ich selbst einmal um Aufnahme in den Orden bitten sollte (September 1985), wusste ich damals noch nicht. Die Mischung aus Intellektualität und Spiritualität hat mich letztlich, zusammen mit Exerzitienerfahrungen, in die Gesellschaft Jesu gelockt oder getrieben.

Eines der ersten Bücher, die ich als Student erwarb – seinerzeit Pflichtlektüre –, war ein 775 Seiten starkes Taschenbuch: »Kleines Konzilskompendium« (Herderbücherei 270). Karl Rahner SJ, selbst Konzilsberater, und Herbert Vorgrimler stellten darin die einzelnen Konzilstexte vor. Eine profunde Einleitung mit einer detaillierten Liste zum Ablauf des Konzils, Register und ein Literaturverzeichnis sowie der »Nachtrag: Die nachkonziliare Arbeit der römischen Kirchenleitung« informieren aus erster Hand. Meine Ausgabe – es ist die 15. Auflage vom März 1981 – steht auf dem Schreibtisch in Griffnähe zwischen Bibel und Duden. Nach vierzig Jahren ist sie abgegriffen, der grüne Umschlag löst sich auf. Obwohl es mittlerweile die 35. Auflage (2008) und ein größeres Format in edlem Kardinalsrot (dafür in schlechterer Papierqualität) gibt, kann ich mich davon nicht trennen. Das ziemlich ramponierte Buch hat mehr als zehn Umzüge in 37 Ordensjahren überlebt und gehört zu meiner Sozialisation als Theologe.

Auf einem Büchertisch im Priesterseminar entdeckte ich einen 300 Seiten umfassenden Band, den ich mir umgehend erstand: »Das Konzil und seine Folgen« (1966) mit Texten von Mario von Galli SJ (1904–1987), der übrigens Verwandte in Bregenz hatte, und Fotos von Bernhard Moosbrugger (1925–2004). Er folgte auf vier zuvor erschienene Hefte »Das Konzil« (1963, 1964, 1965, 1966), die jeweils eine Chronik der ersten bis vierten Sitzungsperiode samt einem Dokumententeil mit Reden auf dem Konzil brachten, ebenfalls gestaltet als Text- und Bildbericht der beiden Autoren. Die Werbung war keine Übertreibung – auf mich, den »Nachgeborenen«, traf es jedenfalls zu: »Man spürt den Pulsschlag des Konzils auf jeder Seite.«

Mehr als die Texte zogen mich damals die eindrucksvollen Fotos an: Kirche, erlebbar als Weltkirche! Weil meine Heimatpfarrei St. Kolumban auch die Zentrale der Päpstlichen Missionswerke in Vorarlberg beherbergte, hatte ich als Jugendlicher nicht nur einmal Mutter Teresa von Kalkutta erlebt, sondern auch etliche Bischöfe aus Asien und Afrika, darunter Francis Arinze, den Erzbischof von

Onitsha (Nigeria), der 1985 nach Rom berufen wurde und als Kurienkardinal in verschiedenen Funktionen tätig war. Unser Pfarrer lud sie für Firmungen ein: die Welt zu Gast in Bregenz! Früh erlebte ich auf diese Weise, über den eigenen Kirchenturm hinauszuschauen: Kirche ist Weltkirche.

Neben dem Konzilskompendium und dem genannten Bildband, den ich im Herbst 2017 weggab, als ich nicht damit rechnete, meine Krebserkrankung zu überleben, 2022 aber wieder antiquarisch erwarb, kam der mehrfach aufgelegte Band »Das Zweite Vatikanische Konzil« (1993) von Otto Hermann Pesch (1931–2014) dazu. Packend geschrieben wie ein Krimi! Pesch beschreibt die Vorgeschichte, den Verlauf, die Ergebnisse und die Nachgeschichte des Zweiten Vatikanums akribisch. Sein Buch ist ein unersetzliches Nachschlagewerk geworden, das auch einen Eindruck von der Stimmung auf dem Konzil vermittelt: was sich sozusagen vor und hinter dem Vorhang abgespielt hat.

Als der Wiener Weihbischof Helmut Krätzl, der während des Konzils ein Kirchenrechtsstudium in Rom absolvierte und wie der Konzilstheologe Joseph Ratzinger im Priesterkolleg der *Anima* an der *Piazza Navona* wohnte, 1998 sein Buch »Im Sprung gehemmt« veröffentlichte, erstellte ich während der Lektüre ein Personenregister, das ich vermisste und das dann in der bald fälligen zweiten Auflage zum Abdruck kam. Krätzl, dessen 90. Geburtstag im Spätherbst 2021 in einem Festgottesdienst im Wiener Stephansdom begangen wurde, fasste darin zusammen: »Was mir nach dem Konzil noch alles fehlt« (Untertitel). Zum 50. Jahrestag der Konzilseröffnung im Jahr 2012 zog er als Zeitzeuge in

einem weiteren Buch Bilanz: »Das Konzil – ein Sprung vorwärts«. Er widmete es dem Papst, der das Konzil nach dem
Tod von Johannes XXIII. fortgesetzt und abgeschlossen und
ihn 1977 zum Bischof bestellt hat: »In Erinnerung an ihn ist
dieses Buch geschrieben und es soll in jener Besorgtheit um
die Kirche gelesen werden, die Paul VI. ausgezeichnet, aber
auch belastet hat.«[1] Für Krätzl war das Konzil, wie er damals im Rückblick auf 80 Lebensjahre schrieb, die »größte
Wende in meinem kirchlichen Leben und Denken.«[2]

Ganz ähnliche Töne konnte ich von dem heute 94-jäh-
rigen Jesuiten Wolfgang Seibel hören. Als ich im Juni 2000
nach München versetzt wurde, um in die Redaktion der
Stimmen der Zeit einzutreten, wohnte ich im selben, nach
dem von den Nazis dreieinhalb Monate vor Kriegsende
zum Tode verurteilten und hingerichteten Jesuiten Alfred
Delp (1907–1945) benannten Schriftstellerhaus im Stadtteil
Nymphenburg. Schon 1987/88 hatte ich dort für etwas mehr
als ein Jahr mit Seibel in derselben Kommunität gewohnt,
damals als Praktikant bei der Zeitschrift »Geist und Leben«.
Er ist noch heute trotz seines biblischen Alters ein Fass von
Wissen, das ich, als ich Chefredakteur wurde, immer »an-
zapfen« konnte und durfte, was mir, als Österreicher immer
der »Ausländer« in München, sehr half. Unvergesslich sind
mir lange Abende geblieben, bei einer guten Flasche Wein
(die der Connaisseur selbst aussuchte), an denen ich Seibel
querbeet ausfragen konnte und stets blitzgescheite Antworten bekam. Seit Jahren wegen einer Makula-Degeneration
sehbehindert, habe ich aus seinem Vorlass fünf (ge-)wich-
tige Bände von Giuseppe Alberigo (1926–2007) »geerbt«,
die er sowohl in der italienischen Originalfassung als auch

in deutscher Übersetzung besaß: »Geschichte des Zweiten Vatikanischen Konzils«. Die fünf deutschen Bände sind von 1997 bis 2008 erschienen.

Außerdem schenkte mir Seibel einmal die Erstausgabe eines kleinen Bändchens von Hans Küng (1928–2021), das seinerzeit Furore machte: »Konzil und Wiedervereinigung« (1960). Küng wurde ein Jahr nach Seibel »Germaniker« und war auf dem Konzil zeitweise Berater des Rottenburger Bischofs Carl Joseph Leiprecht, aber auch vom Papst ernannter offizieller Konzilsberater (»Peritus«). Mit dem ein Jahr älteren, damals in Bonn lehrenden Theologen Joseph Ratzinger, dem späteren Erzbischof von München und Freising und nachmaligen Papst Benedikt XVI., verband ihn (wegen ihres jugendlichen Alters) der (von Michael Schmaus abschätzig gemeinte) Spitzname »Teenager des Konzils«[3]. In seinen Memoiren, besonders in den beiden ersten Bänden »Erkämpfte Freiheit« (2002) und »Umstrittene Wahrheit« (2007), geht der weltbekannte Schweizer Theologe, der zeitlebens in Tübingen lehrte und dort im April 2021 in einem Grab neben seinem Freund Walter Jens beigesetzt wurde, weniger vornehm mit dem Zweiten Vatikanum um.

Viel gelernt hatte ich von einem Freund, dessen Freiburger Doktorarbeit sich mit Rahners Beitrag zur Ekklesiologie, also der Kirchenlehre des Zweiten Vatikanums, beschäftigte: »Universales Heilssakrament Kirche« (2001). In seiner später mit dem Karl-Rahner-Preis für theologische Forschung ausgezeichneten Studie gab Günther Wassilowsky spannende Einblicke in die Arbeitsweise deutscher Theologen, die er einer »Textwerkstatt«[4] zuordnete und zu deren Masterminds Karl Rahner zählte. Ich habe dieses Buch trotz seines hohen wissenschaftlichen Niveaus wie einen Krimi verschlungen und bald rezensiert[5]. Mein Respekt vor der Arbeit der Bischöfe und Theologen wuchs umgekehrt proportional zu dem Abstand, der zwischen dem Zweiten Vatikanum und »meiner« kirchlichen Gegenwart lag.

Was löste das Konzil aus? Was bewirkte es? Was brachte es auf den Weg? In regelmäßigen Abständen und bei »Jahrestagen« wurde solchen Fragen nachgegangen. »Vergessene Anstöße, gegenwärtige Fortschreibungen« waren Gegenstand einer Tagung in Mainz im Jahr 2002, die 2004 veröffentlicht wurde[6]. Die beiden Professoren an der Ludwig-Maximilians-Universität München, der Kirchenhistoriker Franz Xaver Bischof und der Religionspädagoge Stephan Leimgruber, beide gebürtige Schweizer, gaben 2004 einen Sammelband zur Wirkungsgeschichte der Konzilstexte heraus: »Vierzig Jahre II. Vatikanum« (2004). Sie luden mich ein, »Karl Rahners Mitarbeit an den Konzilstexten« vorzustellen, die ich auf über zwanzig Druckseiten darstellen konnte.

Auch das gab es damals: eine Briefmarke. Eine Marke ist – ein Postwertzeichen, nicht mehr, aber auch nicht weniger. Immerhin: Der deutschen Bundespost war das Zweite Vatikanische Konzil im Jubiläumsjahr 2012 eine 45 Cent-Briefmarke wert. Vier der dort beschlossenen maßgeblichen Dokumente bilden ein Kreuz: die Texte über ein erneuertes Verständnis als Kirche (»Lumen gentium«), über ihre Existenz in der gegenwärtigen Welt (»Gaudium et spes«), über die volkssprachliche Feier des Gottesdienstes (»Sacrosanctum Concilium«) und die biblische Offenbarung (»Dei verbum«).

Im Dezember 2015 organisierte in München die Katholische Akademie in Bayern einen internationalen und interdisziplinären Kongress, der am Ende des Jubiläumsjahres 1965/2015 eine ganze Reihe von Veranstaltungen abrundete, die zwischen 2012 und 2015 stattgefunden hatten. Der Dokumentationsband umfasst über 650 Seiten[7], die Schlussveranstaltung, eine öffentliche Podiumsdiskussion, erschien als eigene kleine Schrift[8].

Von einem elfmonatigen Aufenthalt in den USA, der letzten ordensinternen Ausbildungsphase, zurückgekehrt, wurde ich im Oktober 2005 Mitherausgeber der »Sämtlichen Werke« Karl Rahners, nachdem mich das Herausgeberkollektiv (Karl Kardinal Lehmann, Johann Baptist Metz, Albert Raffelt, Herbert Vorgrimler) als Nachfolger von Karl H. Neufeld SJ akzeptiert hatte. Von 2010 an für drei Jahre auch Mitglied der Schriftleitung, war ich zeitweise in den Verlauf der Bearbeitung der einzelnen Bände eingebunden. 2013 erschien der wegen seines Umfangs auf zwei Teilbände aufgeteilte, von Günther Wassilowsky bearbeitete Band 21 mit Karl Rahners Schriften zum Konzil und seiner Interpretation. Auch in der Edition der »Gesammelten Schriften« Joseph Ratzingers erschienen als Band 7 (in zwei voluminösen Teilbänden) dessen Beiträge zum Konzil. Die beiden Rahnerbände umfassten (XXXIX und) 1109, die von Ratzinger 1250 Seiten. Es gelang mir, beide Werke in einem kleinen Artikel zusammen vorzustellen und die fruchtbare, wegen späterer Auseinandersetzungen oft vergessene Zusammenarbeit der beiden Theologen darzustellen[9].

Im Februar 2008 hatte ich als neuer wissenschaftlicher Leiter das Karl-Rahner-Archiv (KRA) von Innsbruck nach

München zu übersiedeln. Aufgrund zahlreicher Anfragen an das Archiv aus aller Welt bekam ich in der Folge zunehmend Einblicke in die (größtenteils unveröffentlichte) Korrespondenz Karl Rahners und andere Unterlagen, die nicht zu seinem gedruckten Werk gehören, das sukzessive in der Gesamtausgabe neu zugänglich gemacht wurde.

Meine Achtung vor dem »Arbeitstier« Karl Rahner stieg ins Unermessliche. Zwar hat er auf dem Zweiten Vatikanum auch seine Gesundheit ruiniert, weil er über seine Verhältnisse lebte, und das hieß: arbeitete. Aber wie würde das Konzil ohne ihn und viele andere Theologen, die Bischöfen zuarbeiteten oder als vom Papst ernannte »Periti« tätig waren, gelaufen sein – ohne dass man deswegen der These Gehör schenken muss, Theologen hätten ahnungslose Bischöfe überrumpelt und manipuliert und aus dem Konzil der Bischöfe eine Theologenversammlung gemacht, wie sie eine restaurative Konzilsgeschichtsschreibung (z. B. Ralph M. Wiltgen SVD: »Der Rhein fließt in den Tiber«, 1967; dt. Übersetzung 1988) seit Jahrzehnten behauptet?

Wie Karl Rahner auf dem Konzil streckenweise zumute war, erfuhr ich aus einer sehr privaten Quelle: einem Brief, den er seinem (krankheitsbedingt in Innsbruck festsitzenden) Bruder, dem Kirchenhistoriker Hugo Rahner SJ (1900–1968), am Allerseelentag 1963 schrieb. Es war eine Momentaufnahme zu der am 29. September 1963 begonnenen zweiten Konzilssession, auf der hauptsächlich über das Schema »Über die Kirche«, über Kollegialität und Mariologie debattiert wurde. Dieser Brief, den mir ein Sohn von Karl Rahners Schwester Elisabeth Cremer überließ, trägt auch pastorale Züge, da der jüngere der beiden Brüder den

älteren aufbauen und trösten wollte – Hugo Rahner kämpf-
te seit Jahren mit der Diagnose Parkinson. Er gibt jedoch
auch Einblick in die Arbeit jenseits der Konzilsaula: in das
Ringen um einzelne Formulierungen in Theologengruppen,
die in »Textwerkstätten« Entwürfe redigierten, kompilier-
ten und in eine Endfassung brachten, für die dann Bischöfe
untereinander warben. Es ist atemberaubend, mitzuverfol-
gen, wie hier Elemente einer kollektiven Wahrheitsfindung
sichtbar wurden, die es so später zwischen Bischöfen und
Theologen nicht mehr oder nur mehr ausnahmsweise gab.
Ich habe den Rahner-Brief im September 2012 in den *Stimmen der Zeit* ediert[10] und zusammen mit meinem Kollegen
Nikolaus Klein SJ in einem längeren Artikel ausgewertet
und kommentiert[11].

Er ist ein wertvolles Zeitdokument. Um ein klein wenig
einen Eindruck vom Stil zu bekommen, hier ein Auszug:
»So, nun habe ich genug gequatscht. Hoffentlich hat es
Dich nicht zu sehr gelangweilt. (…) Ich kann ja dann keine kirchengeschichtliche Chronik des Konzils schreiben,
sondern nur einige private und sehr subjektive Eindrücke
berichten, von denen ich hoffe, dass Du sie nicht als Strun-
zen auffassest. Es ist merkwürdig bei einem Konzil, auch
wenn man versucht, dabei zu sein und mitzukochen (so gut
man kann), es gibt bei einem Konzil überhaupt niemand,
der sagen könnte, er steuere eindeutig, übersehe alles und
habe alles in der Hand. Nicht einmal die Moderatori wissen eigentlich vor der Abstimmung sicher, wie sie ausgeht.
Aus den Reden der Aula ist sehr schwer zu entnehmen,
wie die zahlenmäßigen Verhältnisse eigentlich sind. Man
ist in einen Topf geworfen, ist nicht Koch, sondern wird

gekocht, und wie die Suppe am Ende aussieht, das weiß man erst am Ende. Schon vom Heiligen Geist abgesehen, wäre es interessant, anhand solcher Erfahrungen über die Weise einer kollektiven Meinungsbildung und Wahrheitsfindung nachzudenken. Es ist ein ungeheuer kompliziertes, unübersehbares und letztlich nicht adäquat manipulierbares System mit tausend Rückkoppelungen usw. Und es ist jedenfalls so, wie es sich die Römer wie Tromp usw. vorher nicht geträumt haben.«[12]

Apropos: Unser kommentierender Artikel erschien elf Monate später komplett auch in italienischer Übersetzung in der Jesuitenzeitschrift »La Civiltà Cattolica«. Wir staunten beide nicht schlecht, dass Auszüge davon auch in der Tageszeitung des Vatikans, dem »L'Osservatore Romano«, erschienen: »Dientro le quinte del Vaticano II. Il 2 novembre 1963, in una lettera al fratello, Karl Rahner tracciava un primo bilancio del concilio.«[13] Ob uns Papst Franziskus beim Frühstück gelesen hat?

Als Archivchef saß ich gewissermaßen an der Quelle. Deswegen konnte ich mich 2012, zur Feier des 50. Jahrestages der Konzilseröffnung, auf mehrere Projekte einlassen. Der Standort München erwies sich dabei als ideal: Denn neben dem Karl-Rahner-Archiv befindet sich hier auch der Sitz des Archivs der Deutschen (ADPSJ), seit April 2021 der Zentraleuropäischen Provinz der Jesuiten (APECESJ), das die Nachlässe der drei Frankfurter Jesuiten Alois Grillmeier, Johannes B. Hirschmann und Otto Semmelroth oder von Friedrich Wulf aufbewahrt, die einzelnen Bischöfen zuarbeiteten[14]. Zum Bestand des Erzbischöflichen Archivs München (EAM) gehört auch der Konzilsnachlass des allzu früh verstorbenen Erzbischofs von München und Freising, Julius Kardinal Döpfner (1913–1976), der als einer von vier »Moderatoren« eine Schlüsselposition auf dem Zweiten Vatikanum einnahm. Döpfner hätte Karl Rahner im Herbst 1962 gern als seinen persönlichen Berater mit aufs Konzil genommen. Dieser fühlte sich freilich, damals (noch) an der Universität Innsbruck wirkend, dem Vorsitzenden der Österreichischen Bischofskonferenz, Kardinal Franz König, verpflichtet. Er stand dann aber auch deutschen Bischöfen, allen voran Döpfner oder Hermann Volk (Mainz), zur Verfügung. München war aufgrund dieser Archivlage »zu Deutschlands ›heimlicher Konzilshauptstadt‹«[15] geworden.

Peter Pfister (EAM), Clemens Brodkorb (ADPSJ) und ich (KRA) veranstalteten eine große Ausstellung: die erste ihrer Art, die sich in Deutschland anhand vorhandener Archivalien mit dem Zweiten Vatikanum beschäftigte. Die Vorüberlegungen begannen 2010. Unser Glück: In Franz Xaver Bischof fanden wir an der Theologischen Fakultät einen ebenso interessierten wie kundigen Kirchenhistoriker. Zur Planungsgruppe gehörte außerdem (neben Roland Götz und Guido Treffler vom EAM) auch der Schweizer Jesuit Nikolaus Klein, der jahrzehntelang bei der 2009 eingestellten Jesuitenzeitschrift »Orientierung« in Zürich gearbeitet hatte, zu der seinerzeit auch Mario von Galli SJ, Ludwig Kaufmann SJ und Karl Weber SJ gehört hatten, die alle so oder so eng mit dem Konzil verbunden waren. Klein stellte zum Beispiel den Kontakt zur Nachlassverwalterin des Zürcher Fotografen Bernhard Moosbrugger her, was die Einbeziehung von dessen historischen Konzilsaufnahmen ermöglichte. Die Ausstellung in den Räumlichkeiten des Erzbischöflichen Archivs in der ehemaligen Karmeliterkirche in der Münchener Innenstadt, in unmittelbarer Nachbarschaft zum Hotel Bayerischer Hof, wo die alljährliche Sicherheitskonferenz stattfindet, war mehrere Monate lang zugänglich. Im Ausstellungsband von über 600 Seiten war nicht nur das komplette Ausstellungsmaterial abgedruckt, vor allem Originaldokumente aus den drei Archiven, die es erlaubten, den Verlauf und die Arbeitsweise des Konzils, die Entstehung zweier Dokumente und erste Schritte ihrer Umsetzung nachzuverfolgen. Er enthielt neben dem 300 Seiten starken Katalog der Ausstellung auch zwölf Fachartikel. Ziel war es nicht, Tagungen und Symposien im Umfeld des Jubiläums Konkurrenz zu machen, sondern Material vor Ort zu nutzen, das andernorts so nicht vorhanden oder unzugänglich war.

Begleitend zur Ausstellung fanden drei Veranstaltungen statt: Als Zeitzeugen kamen Karl Kardinal Lehmann und Wolfgang Seibel zu Wort. Mit Günther Wassilowsky (damals Linz, jetzt Berlin) war auch ein profilierter Konzilsforscher der jüngeren Generation vertreten. Wolfgang Küpper, der Leiter des Kirchenfunks des Bayerischen Rundfunks, moderierte diese Abendveranstaltungen. Auf dem Konzil Döpfners Sekretär, war auch Gerhard Gruber, Generalvikar unter den Erzbischöfen Julius Döpfner, Joseph Ratzinger und Friedrich Wetter, unter den Besucherinnen und Besuchern. Gleichsam ein »Abfallprodukt« der Ausstellung wurde die Neuherausgabe von Karl Rahners berühmter Münchener Rede »Das Konzil – ein neuer Beginn«, die ich zusammen mit Albert Raffelt besorgte. Sie war damit wieder als Einzeltext zugänglich. Kardinal Lehmann steuerte ein Vorwort bei.

Tagungen, Symposien und Kongresse, Memoranden und Manifeste, Vorträge, Bücher und Artikel: Die Jahre 2012 bis 2015 boten viel Erinnerung. Und sie fragten nach Desideraten und bleibenden Herausforderungen. Nicht zu Unrecht wurde immer wieder vor seiner »Musealisierung« gewarnt. Mit Benedikt XVI. hatte die Kirche einen Papst, dessen Lebensgeschichte eng mit dem Konzil verknüpft ist. Als junger Professor hatte er aktiv daran teilgenommen und gehörte zu den aufgeschlossensten, brillantesten und weitsichtigsten Beratern. Im Laufe seines Lebens flaute seine Begeisterung ab, seine Bedenken nahmen zu. Das hatte auch mit seinen verschiedenen Rollen zu tun.

Im März 1977, knapp vor seinem 50. Geburtstag, zum Erzbischof von München und Freising ernannt und am 27. Mai zum Bischof geweiht, nahm ihn Papst Paul VI. bereits einen Monat später – ungewöhnlich genug – ins Kardinalskollegium auf. Jahrelang bedrängte ihn dann Johannes Paul II., das Amt des Präfekten der Glaubenskongregation in Rom zu übernehmen, rein formell (nach dem Kardinalstaatssekretär) die »Nummer 3« im Vatikan. Im November 1981 konnte sich Ratzinger der Berufung endgültig nicht mehr entziehen, im Februar 1982 übernahm er dann den Posten und übte ihn bis zum Konklave im April 2005 aus, länger als jeder Amtsinhaber zuvor. Mehrere Rücktrittsangebote lehnte Papst Johannes Paul II. ab, der ganz offensichtlich nicht auf seine Expertise verzichten wollte. Mehr noch als in seiner Zeit als Diözesanbischof, als er sich auf die »Niederungen« der Pastoral einlassen musste, kam Ratzinger als Kurienkardinal die »Wächterrolle« zu – und er nahm sie intensiv wahr.

Im Jahr 1985, also zwanzig Jahre nach dem Ende des Konzils, gab Joseph Ratzinger dem prominenten Publizisten Vittorio Messori ein langes Interview, das unter dem Titel »Zur Lage des Glaubens« publiziert und weltweit beachtet wurde. Es erschien nämlich im unmittelbaren Vorfeld der im Oktober 1985 stattfindenden Außerordentlichen Bischofssynode zum 20. Jahrestag des Abschlusses des Zweiten Vatikanums. Ein perfektes Timing! Schon Vorabdrucke in der italienischen Zeitschrift »Jesus« sorgten für Aufregung, nicht nur im Kirchenvolk, sondern auch unter Bischöfen, ja ganzen Bischofskonferenzen. Als das komplette, von Ratzinger durchgelesene und überarbeitete Gespräch fast zeitgleich in italienischer, französischer, spanischer und natürlich in deutscher Sprache als Buch erschien, konnte man seine Analysen längst nicht mehr unabhängig von dem entstandenen Medienrummel lesen. Im Vorwort hatte er zwar, offenbar unter dem Eindruck des enormen Echos, noch etwas beschwichtigend gemeint, seine während eines Urlaubs in Brixen entstandenen Äußerungen stellten »in der Tat kein ausgereiftes Werk, sondern eine Sammlung von Denkanstößen – ein Stück Dialog«[16] dar. Aber dass es sich dabei nicht um eine harmlose theologische Plauderei handelte, war offensichtlich, und den Dialog begünstigt hat das Interview keineswegs.

Tatsache war, dass der vorsynodale Prozess schlagartig präjudiziert war, was den ehemaligen Konzilsberichterstatter Ludwig Kaufmann die Schlussfolgerung ziehen ließ, es sei »der privaten Sicht *eines* Mannes in höchster kirchlicher

Position« gelungen, »mit einer Publizität sondergleichen zum monopolartigen Referenzpunkt«[17] der Diskussionen um eine (befürchtete restaurative) Interpretation des letzten Konzils zu werden. David A. Seeber, seit 1961 bei der *Herder Korrespondenz* und von 1966 bis 1991 deren Chefredakteur, kritisierte das Interview deutlich. Er räumte aber auch ein: »Seit Jahren einer trügerischen Ruhe haben wir damit endlich wieder *einen wenigstens teilweise öffentlichen Diskurs* darüber, wie Konzilsverwirklichung nach den Erfahrungen der letzten 20 Jahre heute aussehen könnte oder sollte.«[18] Gleichzeitig wunderte er sich: »Die Art, wie dieser Diskurs geführt wird, (…) ist *auf seltsame Weise rückwärtsgewandt.*«[19]

Seeber sprach in einer überregionalen deutschen Tageszeitung auch von einer »Abrechnung«: »Wenn ein Kardinal wie Joseph Ratzinger dem Gespräch mit einem Journalisten gleich mehrere Urlaubstage widmet, wenn er dann das Ergebnis in Buchform umsetzen lässt und die komplizierte (…) Veröffentlichung sehr persönlich (und sehr aufmerksam) begleitet, darf angenommen werden, dass es ihm nicht um diese oder jene dogmatische oder disziplinäre Frage geht, auch nicht um seine Behörde, (…) sondern um den Gang der Kirche überhaupt, und dass er sich von der Veröffentlichung etwas verspricht.«[20]

Mehrmals hatte Ratzinger den Ausdruck »Restauration« verwendet. Er erläuterte, dabei handle es sich nicht darum, hinter das Konzil zurückzugehen: »Nein: Man geht nicht zurück, noch kann man es. In diesem Sinn gibt es also keine ›Restauration‹. Aber wenn wir unter ›Restauration‹ die Suche nach einem neuen Gleichgewicht verstehen, nach all den Übertriebenheiten einer wahllosen Öffnung zur Welt, nach den positiven Interpretationen einer agnostischen und atheistischen Welt; nun gut, dann wäre eine ›Restauration‹ (…) durchaus wünschenswert, im übrigen ist sie in der Kirche bereits im Gange.«[21] Wolfgang Seibel SJ wendete in einem Editorial in den *Stimmen der Zeit* ein, aufgrund der negativen Prägung dieses Begriffs werde »heute niemand ›Restauration‹ als Bezeichnung für seine Pläne verwenden, wenn er sich nicht von vornherein in Mißkredit bringen will«[22]. Auch von »Geist« und »Ungeist« des Zweiten Vatikanums innerhalb der Kirche sprach Ratzinger wiederholt. »Ungeist« wurde zum schillernden Schlagwort für sämtliche nachkonziliare (Verfalls-)Erscheinungen innerhalb der Kirche, deren Geschichte manche Zeitgenossen in den Augen Ratzingers »erst mit dem II. Vatikanum als einer Art Nullpunkt beginnen«[23] ließen.

Die Reaktionen auf dieses Interview waren, wie gesagt, heftig und polemisch. Ihre Bandbreite reichte von scharfer Ablehnung bis zu vollster Zustimmung – und man konnte im Nachhinein erkennen, wie sensibel 20 Jahre nach Konzilsende auf Wertungen und Bilanzen reagiert wurde.

Ein kurzer Rückblick: Man muss sich nämlich in Erinnerung rufen, dass Papst Paul VI. dem Konzil – ähnlich wie bei der Zölibatsfrage, der er (im Juni 1967) eine Enzyklika widmete – ein Thema entzogen hatte, das er dann, dabei einem zweifachen Minderheitenvotum folgend[24], in seinem Lehrschreiben »Humanae vitae« (Juli 1968) lehramtlich entschied. Es ging in der Folge im deutschsprachigen Raum als »Pillenenzyklika« ein. Sie wurde zum Wendepunkt seines Pontifikats. Von der Heftigkeit der Reaktionen war er derart »persönlich getroffen«[25], dass er in den ihm verbleibenden zehn weiteren Jahren seiner Amtszeit nie mehr auf das Instrument der Enzyklika zurückgreifen sollte. Weltweit irritierte das Verbot künstlicher Empfängnisregelung, die tief in das intimste Leben von Ehepaaren eingriff.

Heftig waren die Reaktionen auch im deutschsprachigen Raum. Die deutschen Bischöfe reagierten darauf bereits im August, die österreichischen im September 1968 mit der »Königsteiner« und der »Mariatroster Erklärung«. Im Vatikan wurde ihnen das übel genommen: Die Bischöfe standen als illoyal gegenüber dem Bischof von Rom da. Der massive Autoritätsverlust des Papstes, der in diesem Zusammenhang immer wieder als der »Hamlet aus Mailand« bezeichnet wurde, war eine einzige Tragik, denn Paul VI. war einer der bedeutendsten und intellektuellsten Päpste des 20. Jahrhunderts. Seine während des Konzils erschienene Antrittsenzyklika »Ecclesiam suam« (August 1964) oder die Enzyklika »Populorum progressio« (März 1967) über den Fortschritt der Völker, beides große Texte, verblassten förmlich. Sie wurden nur mehr durch den Filter der Enzyklika vom Sommer 1968 gelesen. Sein Apostolisches Schreiben »Evangelii nuntiandi« (Dezember 1975) über die Evangelisierung, das auf eine Bischofssynode vom Vorjahr reagierte, deren Ergebnisse es aufnahm, aber auch eigene Akzente setzte, wurde zu seinen Lebzeiten leider nur marginal wahrgenommen und erst später richtig rezipiert – für Papst Franziskus hat es, zusammen mit der Pastoralkonstitution des Konzils »Gaudium et spes«, große Bedeutung und hinterließ unverkennbar Spuren in seinem ersten Apostolischen Schreiben »Evangelii gaudium« (November 2013).

Deutlich wurde: Bischöfe, ja ganze Bischofskonferenzen sollten in den nachkonziliaren Wirren »auf Linie gebracht« werden. Wo das nicht ging, wurden neue ernannt. Aber der erzwungene »Kurswechsel« gelang nicht überall. Wer sich zu »heißen Eisen« wie Geburtenkontrolle, Zölibat, Priesterweihe der Frau oder Unfehlbarkeit und Verbindlichkeit des päpstlichen Lehramtes äußerte, schied aus dem Personalkarussell aus. Für »höhere Weihen« (keineswegs nur für das Amt des Bischofs) kam einer damit gar nicht erst in Frage. Schwarze Listen kursierten. Spätestens ab Mitte der 1980er-Jahre, nachdem Hans Küng bereits im Dezember 1979 seine Lehrbefugnis vom Vatikan entzogen bekommen hatte, setzte allein im deutschen Sprachraum eine Reihe von Maßnahmen ein, mit denen Rom auf Entwicklungen in Kirche und Theologie hierzulande reagierte und gegensteuerte. In der Schweiz, in Deutschland und Österreich hatten Diözesansynoden stattgefunden. Etliche Bischöfe erreichten die Altersgrenze und wurden durch (teils sehr umstrittene) Nachfolger ersetzt: Hans Hermann Groër OSB 1986 in Wien, Klaus Küng 1989 in Feldkirch, Wolfgang Haas kurz darauf in Chur, Ende desselben Jahres Georg Eder in Salzburg. Bereits 1987 erhielt Groër (der seit 1989 auch Kardinal war) Unterstützung durch Weihbischof Kurt Krenn. Als dieser 1991 mit der Leitung der Diözese St. Pölten betraut wurde, folgte Christoph Schönborn OP als Weihbischof nach. Er wurde später zuerst Erzbischof-Koadjutor und wenige Monate darauf, im September 1995, neuer Erzbischof, nachdem Groër, der sich dazu nie öffentlich äußerte, nach Missbrauchsvorwürfen zurückgetreten war.

In Köln hatte Papst Johannes Paul II., nachdem das Domkapitel sich nicht auf einen Kandidaten einigen konnte, direkt interveniert und unter Umgehung des Preußen-Konkordates den Bischof von Berlin, Kardinal Joachim Meisner, wenige Tage vor Weihnachten 1988 zum neuen Erzbischof ernannt. Anfang Januar 1989 reagierten darauf über 150 Theologieprofessoren mit dem kurz als »Kölner Erklärung« bezeichneten Memorandum »Wider die Entmündigung – für eine offene Katholizität«. Bis Mai 1989 schlossen sich 220 Professorinnen und Professoren, auch aus der Schweiz, Österreich und den Niederlanden, an, später taten dies weitere über 700 Theologinnen und Theologen weltweit. In Österreich hatte sich bereits 1995 eine weithin beachtete, nicht nur in Europa bekannte Unterschriftenaktion formiert, die unter dem Label »Kirchenvolks-Begehren« Nachahmer (»Wir sind Kirche«) in zahlreichen Staaten fand.

Auf »lehramtlicher Ebene« ist als direktes Ergebnis (auf Wunsch der Synodenväter) der Sondersynode von 1985 an den neuen »Katechismus der Katholischen Kirche« (kurz: »Weltkatechismus«) zu erinnern. Er erschien 1992. Die Redaktionsarbeit lag hauptsächlich in den Händen des in Fribourg (Schweiz) lehrenden Dominikaners Christoph Schönborn, dem späteren Erzbischof von Wien. Ein von der Deutschen Bischofskonferenz herausgegebener, unter Federführung von Walter Kasper entstandener Erwachsenen-Katechismus war bereits 1985 (Band 1) und 1995 (Band 2) erschienen. Nicht unerwähnt bleiben darf in diesem Zusammenhang, dass die Neufassung des am ersten Adventsonntag 1983 in Kraft getretenen Codex Iuris Canonici (CIC/1983), der das Kirchenrecht von 1917 ersetzte, ausdrücklich mit dem letzten Konzil in Verbindung gebracht und vom Papst als »das große Bemühen« verstanden sein wollte, »eben diese Lehre, die konziliare Ekklesiologie, in die *kanonistische* Sprache zu übersetzen«[26]. Johannes Paul II. sah den revidierten Codex »als Vervollständigung der vom II. Vatikanischen Konzil vorgestellten Lehre« an, »insbesondere was die dogmatische Konstitution über die Kirche und die Pastoralkonstitution«[27] anbelangt[28].

Die Spannungen, die in den 1980er- und 1990er-Jahren unübersehbar zu Tage traten, und die Konflikte, die ausgetragen wurden, blieben mir nicht verborgen: weder als Theologiestudent und Seminarist noch als Jesuitennovize, auch wenn sie mich nicht direkt tangierten. Die Polarisierungen in der katholischen Kirche nahmen zu. Es gab teils explosive Stimmungen, ich hörte erstmals die Vokabeln von den »Verehrern« und den »Verächtern« des Konzils. Polemische Bücher wie »Das Konzil der Buchhalter« (1981), in dem der deutsche Psychoanalytiker und Soziologe Alfred Lorenzer (1922–2002), ein bekennender Atheist in der Voltaire'schen »Tradition der Aufklärung«[29], dem »Vandalismus des Zweiten Vatikanischen Konzils«[30] ein ganzes Kapitel widmete, kannte ich nur vom Hörensagen oder über Rezensionen. Aber die Exkommunikation des ultrakonservativen französischen Erzbischofs Marcel Lefebvre (1905–1991), der 1970 im Schweizerischen Ecône die Priesterbruderschaft St. Pius X. gegründet und 1988 ohne Zustimmung des Papstes und damit illegal (aber gültig) Bischöfe geweiht hatte, schlug breite Wellen. Dass es bei seiner Konzilskritik weniger um die Liturgie ging, als deren sichtbarste Neuerung die geänderte Zelebrationsrichtung des Priesters zum Volk anstatt zum Hochaltar hin zu sehen ist, sondern nach Wolfgang Beinert um einen »Grundsatzkonflikt«[31], nämlich Fragen wie Gewissens- und Religionsfreiheit, die Ablehnung eines ökumenischen Dialogs usw., war mir bald klar. Ich tat Lefebvre und seine Anhänger aber oft mit liturgischen Nostalgikern ab. Bis ich auf Schmähschriften stieß, die die »Todsünden« des Zweiten Vatikanums auflisteten. In einem Tonfall, der abwertend und ausgrenzend, herablassend und gehässig war und vom Papst die Fratze eines vom Teufel getriebenen Antichristen zeichnete. Das Zweite Vatikanische Konzil als Mutter aller Übel!

In dieses Horn bläst seit Jahren und bis heute der deutsche Schriftsteller und Büchnerpreisträger Martin Mosebach, der selbst die Ursache der Missbrauchskrise mit dem letzten Konzil in Verbindung bringt: »Das Zweite Vatikanische Konzil, das vor sechzig Jahren beendet wurde, hat zwar die äußere Form der Hierarchie, die Leitung der Kirche durch den Papst und die Bischöfe, ebenso wie den überlieferten Glauben der Kirche bestätigt, es hat zugleich aber eine Entwicklung ins Rollen gebracht, die tatsächlich ›keinen Stein auf dem andern ließ‹ – das Gesicht der Kirche hat sich in diesen sechzig Jahren bis zur Unkenntlichkeit verändert. Und diese Veränderungen sind nicht abgeschlossen – es ist in Wahrheit so, dass dieser Prozess längst unbeherrschbar geworden ist, da die Gehorsamsstrukturen der nachkonziliären Kirche weitgehend zusammengebrochen sind.«[32] Um die Identität der Kirche besorgt, ist Mosebachs Rolle zwiespältig: Er trauert der Alten Messe (auf Latein) nach, behauptet frank und frei, dass sämtliche Verbindlichkeiten in der Kirche durch das Zweite Vatikanum als überholt gelten, weil sie jeden Wahrheitsanspruch aufgegeben habe. Er sieht die »doktrinär aufgeweichte, liturgisch formlos gewordene« Kirche in einer »Barmherzigkeitsfalle«, die Jahre nach dem Konzil seien ein einziges »Reform-Desaster« – als angesehener Schriftsteller und Romancier findet er damit in bestimmten Kreisen, nicht nur des deutschen Feuilletonkatholizismus, durchaus Gehör.

Die Adjektive »vorkonziliar« oder »nachkonziliar«, je nachdem als »Kampfbegriff« oder als »Bekenntnis« verstanden, sagten mir zunächst nicht viel. Wie es *vor* dem Konzil gewesen war, kannte ich ja nur aus der Literatur, nicht aus eigenem Erleben. Was seither war und möglich wurde, empfand ich deswegen nicht als Verfall, konnte es aber auch nicht als die große Befreiung erleben, weil ich die Enge davor nicht zu spüren bekommen hatte: Aber ich nahm zunehmend Auseinandersetzungen um »das Erbe des Konzils« wahr.

Und erlebte selbst im eigenen Orden Mitbrüder, die felsenfest davon überzeugt waren, dass mit der durch das Konzil verursachten Öffnung der Kirche zur Welt gleichsam der von Papst Paul VI. in einer Predigt am 29. Juni 1972 festgestellte »Rauch Satans« (*il fumo di Satana*) in die Kirche als Gottesburg eingezogen sei[33]. Ein Innsbrucker Jesuit, der im 100. Lebensjahr verstarb, meinte zeitlebens, er habe alles, was das Konzil an Neuem gebracht habe, längst vorher in seinen Vorlesungen doziert. Mit demselben Selbstbewusstsein – das einem, weil so dreist, schon wieder Respekt abverlangte – behauptete er, das Kirchenlatein sei die wahre Sprache des Gebetes, da es »die Sprache Gottes«

sei, den man eben nicht durch die Verwendung der Muttersprache in der Liturgie »profanieren« dürfe.

Im Rückblick auf sechzig Lebens- und 37 Ordensjahre fällt mir auf, wieviel Glück ich hatte, ja (auch wenn es pathetisch klingt) wie gesegnet ich war: weil ich in einer »modernen« Pfarre groß wurde, weil ich aufgeschlossene Religionslehrer hatte, überwiegend tolle Professoren (die später meine Mitbrüder wurden) und weil mir große Enttäuschungen über Priester oder Missbrauchserfahrungen erspart blieben.

Das kam alles erst später. Im Orden stieß ich auf viele Mitbrüder, die das Zweite Vatikanum als Befreiung empfunden und erlebt haben. Und ich lernte Jesuiten kennen, die selbst auf dem Konzil tätig waren, wie Karl Rahner oder Friedrich Wulf (1908–1990). Die Zusammenarbeit mit Jesuiten wie Walter Kern und Karl H. Neufeld in Innsbruck, Georg Sporschill in Wien, Paul Imhof und Wolfgang Seibel in München oder Nikolaus Klein in Zürich ließ Ahnungen wach werden, was eine räumliche oder inhaltliche Nähe zu Karl Rahner, Mario von Galli oder Ludwig Kaufmann bedeuteten. Ich lernte Autoren wie Otto Hermann Pesch oder Helmut Krätzl persönlich kennen. Auch die Zusammenarbeit mit Karl Lehmann, Johann Baptist Metz, Albert Raffelt und Herbert Vorgrimler reichte weit über eine rein sachliche Ebene hinaus. Erst in den letzten Jahren wurde mir bewusst, was das für meinen eigenen theologischen Weg bedeutet hat.

Mit einem Erbe muss man umgehen lernen: damit »wuchern«, das Potential nutzen – aber auch weiterentwickeln. In Treue zum Ursprung, wie man oft sagt, um eine ursprüngliche Idee nicht zu verfremden oder zu instrumentalisieren, wenn das Erbe für ganz andere Zwecke herhalten muss.

»Aus dem Konzil geboren« wurden viele Anregungen. Sechzehn Texte sind das Ergebnis einer mehrjährigen gigantischen Kraftanstrengung von Tausenden von Bischöfen, denen Theologen zuarbeiteten. Was ist aus den Beschlüssen geworden? Dass sie noch gelten, steht doch außer Frage. Aber taugen sie noch – für die Probleme, die wir heute haben?

25 Jahre nach Konzilsende stellten die beiden Schweizer Jesuiten Ludwig Kaufmann und Nikolaus Klein bereits fest, der Rückblick auf ein Vierteljahrhundert zeitlichen Abstands habe die Sicht auf das Konzil »verstellt«: »Diese Zeitspanne ist in kirchlichen Kreisen häufig als die des ›Nachkonzils‹ bezeichnet worden. Wer sie mit durchlaufen hat, sieht es als selbstverständlich an, zu wissen, was das war, die Geschichte des Nachkonzils. Solch vermeintliches Wissen polarisiert: Die Trennung liegt dann nicht mehr im Alter, sondern in der Ideologie. Die einen sagen empört: Jetzt marschiert die Reaktion, das Konzil ist aufgegeben, verdrängt, verraten worden. Die anderen reagieren beschwichtigend und/oder rechtfertigend: Es ist übertrieben worden, die Gläubigen sind verunsichert worden; jetzt gilt es mit dem Experimentieren aufzuhören und bei dem zu bleiben, was das Konzil beschlossen hat.«[34] Kaufmann und Klein verwiesen ferner darauf – und das ist auch schon wieder 32 Jahre her: »Im Strom der Geschichte ist das Zweite Vatikanische Konzil von seiner Ankündigung am 25. Januar 1959 an ebenso wie das kurz zuvor begonnene Pontifikat

Johannes' XXIII. ein Geschehen, ein Prozess. Die Frage ist darum, wie er weitergeht, ob er schöpferisch aufgenommen und weitergeführt wird, ob wir ihn noch des geistigen Kampfes wert erachten, ob er noch Zukunft hat.«[35]

Ich bin unmittelbar vor dem Beginn des Konzils geboren. Macht mich das zum »Konzilskind«? Mein bisheriges Leben könnte ich mir ohne das, was damals angestoßen wurde, nicht vorstellen. Und es war ein schöner Zufall: Die Kirche, in der ich am 24. April 1993, also vor bald 30 Jahren, vom damaligen Wiener Weihbischof Christoph Schönborn zum Priester geweiht wurde, heißt »Konzilsgedächtniskirche« – eine von Jesuiten geleitete Pfarrei im 13. Wiener Gemeindebezirk Hietzing. Nach dem Abbruch der neuromanischen Pfarrkirche aus dem 19. Jahrhundert wurde sie nach einem Wettbewerb von dem Tiroler Architekten Josef Lackner 1967/68 als breit gelagerter, niedriger Kubus gebaut: ein quadratischer Zentralbau mit Eingängen an allen vier Ecken. Die Fassade ist mit fünf Reihen Leca-Betonsteinen und glatter Betonstruktur gestaltet. Der moderne Bau erinnert die einen an eine Fabrik, andere an ein Zelt. Der Platz davor und das angrenzende Bildungszentrum der Jesuiten und der Caritas sind nach einem Erzbischof benannt, der ebenfalls auf dem Konzil war: Kardinal Franz König (1905–2004).

Der Wiener Pastoraltheologe Paul M. Zulehner spricht in seinem Geleitwort zu einem Buch von Gerda Schaffelhofer, der ehemaligen Präsidentin der Katholischen Aktion Österreichs (KAÖ), über die Kirche von morgen über »den unvollendeten Versuch des Zweiten Vatikanischen Konzils, die Priesterkirche in eine Volk-Gottes-Kirche rückzubauen, die eine fundamentale Gleichheit und Würde aller sichert«[36].

Wer will zurück zu einer klerikalen Männerkirche? Das Zweite Vatikanum, das lehrt mich meine bisherige Lebens- und Glaubenserfahrung, war der groß angelegte Versuch, die Taufe aller ernst zu nehmen und eine Kirche des pilgernden Volkes Gottes zu skizzieren, in der zwar zwischen Klerikern und Laien unterschieden, aber nicht getrennt werden kann. Jesuanischer sollte die Kirche werden. Ich gebe diese Vision trotz vieler entmutigender Anzeichen eines Rückbaus oder der nostalgischen Nabelschau einer um sich selbst kreisenden Kirche nicht auf. Was damals, von 1962 bis 1965, erarbeitet wurde, verdient es nicht, zu den Akten der Kirchengeschichte gelegt zu werden.

Dass jemand, der am Konzil als Bischof oder als Theologe teilgenommen hat, mit diesem Jahrhundertereignis zeitlebens verbunden bleibt, versteht sich von selbst. Der emeritierte Bischof von Ivrea in Norditalien etwa, Luigi Bettazzi (*1923), einer der letzten noch lebenden Konzilsbischöfe, hat noch 2011 im biblischen Alter von 88 Jahren einen sehr persönlichen Rückblick verfasst, der ein Jahr später auf Deutsch erschien. Er wendete sich darin vor allem an junge Menschen, um ihnen darzulegen, »wie bei der Auslegung der Konzilstexte Weichen gestellt wurden und werden«[37]. Im Nachwort bekennt er: »Als alter Mensch zeige ich in diesem Buch meine Gefühle. Denn ich möchte dafür sorgen, dass das Zweite Vatikanische Konzil gut aufgenommen und seine Lehre umgesetzt wird. Ich liebe das Konzil sehr. Es ist für mich eine Quelle der tiefgreifenden Erneuerung in der Kirche und in der Haltung der Christen und Christinnen. Mag sein, dass ich ein wenig ängstlich wirke, weil das Konzil bisher nur begrenzt aufgenommen und noch eingeschränkter verwirklicht wurde. Große Sorge macht mir vor allem, dass gerade diejenigen, die sich auf das Konzil berufen, es nur sehr minimalistisch auslegen.«[38] Eine bemerkenswerte Würdigung – von einem Konzilsteilnehmer, der demnächst sein 100. Lebensjahr vollendet!

Joseph Ratzinger (*1927) ist im Laufe seines Lebens unverkennbar pessimistischer geworden. Dass das Zweite Vatikanum keinen Bruch, sondern Kontinuität mit der Vergangenheit bedeute, hatte er schon 1985 in »Zur Lage des Glaubens« gesagt. Er warnte dabei davor, zwischen einer vor- und einer nachkonziliaren Kirche zu unterscheiden. Papst geworden, wiederholte und verstärkte er seine seinerzeitige Diagnose. In seiner Ansprache an das Kardinalskollegium und die Mitglieder der Römischen Kurie bei seinem ersten Weihnachtsempfang als Papst hat er am 22. Dezember 2005 – er war acht Monate zuvor zum Bischof von Rom gewählt worden – auf den 40. Jahrestag des Abschlusses des Konzils (am 8. Dezember 1965) Bezug genommen. Benedikt XVI. fragte: »Welches Ergebnis hatte das Konzil? Ist es richtig rezipiert worden? Was war an der Rezeption des Konzils gut, was unzulänglich und falsch? Was muss noch getan werden?«[39]

Um dann festzustellen: »Auf der einen Seite gibt es eine Auslegung, die ich ›Hermeneutik der Diskontinuität und des Bruches‹ nennen möchte; sie hat sich nicht selten das Wohlwollen der Massenmedien und auch eines Teiles der modernen Theologie zunutze machen können. Auf der anderen Seite gibt es die ›Hermeneutik der Reform‹, der

Erneuerung des einen Subjekts Kirche, die der Herr uns geschenkt hat, unter Wahrung der Kontinuität; die Kirche ist ein Subjekt, das mit der Zeit wächst und sich weiterentwickelt, dabei aber immer sie selbst bleibt, das Gottesvolk als das eine Subjekt auf seinem Weg. Die Hermeneutik der Diskontinuität birgt das Risiko eines Bruches zwischen vorkonziliarer und nachkonziliarer Kirche in sich. Ihre Vertreter behaupten, dass die Konzilstexte als solche noch nicht wirklich den Konzilsgeist ausdrückten. Sie seien das Ergebnis von Kompromissen, die geschlossen wurden, um Einmütigkeit herzustellen, wobei viele alte und inzwischen nutzlos gewordene Dinge mitgeschleppt und wieder bestätigt werden mussten. Nicht in diesen Kompromissen komme jedoch der wahre Geist des Konzils zum Vorschein, sondern im Elan auf das Neue hin, das den Texten zugrunde liege: nur in diesem Elan liege der wahre Konzilsgeist, und hier müsse man ansetzen und dementsprechend fortfahren. (...) Der Hermeneutik der Diskontinuität steht die Hermeneutik der Reform gegenüber, von der zuerst Papst Johannes XXIII. in seiner Eröffnungsansprache zum Konzil am 11. Oktober 1962 gesprochen hat und dann Papst Paul VI. in der *Abschlussansprache am 7. Dezember 1965*.«

Diese Einschätzungen lösten heftige Debatten aus. Sie ließen trotz der grundsätzlich positiven Bilanz erahnen, dass ein ehemaliger Konzilstheologe, nun Pontifex maximus und damit über jeden akademischen Disput scheinbar erhaben, eine neue Interpretationsrichtung vorgibt und dabei seine lehramtliche Autorität in die Waagschale wirft: »40 Jahre nach dem Konzil können wir die Tatsache betonen, dass seine positiven Folgen größer und lebenskräftiger sind, als es in der Unruhe der Jahre um 1968 den Anschein haben konnte. Heute sehen wir, dass der gute Same, auch wenn er sich langsam entwickelt, dennoch wächst, und so wächst auch unsere tiefe Dankbarkeit für das Werk, das das Konzil vollbracht hat.«

Die Schlagworte von der »Kontinuität« und »Diskontinuität« des Konzils, die später auch in anderen Zusammenhängen auftauchten, etwa 2007 bei der Wiederzulassung der Alten Messe (»ein Ritus in zwei Formen«[40]), wühlten auf. Sie ließen bei vielen die Alarmglocken läuten. Aber wer, außer Theologen und am Konzil interessierten Bischöfen, hat damals verstanden, was die Stunde geschlagen hat? Jedenfalls »verschärfte sich der Streit um die sachgerechte Interpretation der Konzilsbeschlüsse im theologischen Diskurs, mehr noch im nichttheologisch-binnenkirchlichen Raum. Er läuft Gefahr, sich ideologisch zuzuspitzen.«[41] Die Breitenwirkung auf die gesamte Kirche war enorm. Wer wagte es, einem Papst zu widersprechen, noch dazu einem, der beim Konzil als Theologe dabei war?

Kontinuität oder Bruch? Natürlich ist das Zweite Vatikanische Konzil nur eines von 21 Ökumenischen Konzilien seit dem ersten Ökumenischen Konzil von Nizäa (325 n. Chr.). In den letzten fünfhundert Jahren gab es überhaupt nur drei Konzilien: Trient (1545–1563), das (abgebrochene) Vatikanum I (1869/70) und das Vatikanum II (1962–1965). Man hat in früheren Zeiten mit einer Rezeptionsphase von hundertfünfzig bis zweihundert Jahren gerechnet. »Es ist unmöglich«, so Joseph Ratzinger in seinem Interview »Zur Lage des Glaubens« (1985), »sich für das Vaticanum II und gegen Trient und Vaticanum I zu entscheiden. Es ist ebenso unmöglich, sich für Trient und Vaticanum I, aber gegen das Vaticanum II zu entscheiden. Wer das Vaticanum II negiert, negiert die Autorität, die die beiden anderen Konzilien trägt und hebt sie damit von ihrem Prinzip her auf.«[42]

Mich tröstet, dass Papst Franziskus, der im Dezember 1969, also vier Jahre nach Abschluss des Konzils, zum Priester geweiht wurde, sich ganz deutlich hinter das Zweite Vatikanische Konzil gestellt hat, ohne genau in die hoch theologische, auf viele reichlich akademisch wirkende Debatte um die »Kontinuität« und »Diskontinuität« des Zweiten Vatikanums eingreifen zu wollen, die seinen Vorgänger Benedikt XVI., bekanntlich seinerzeit einer der innovativsten Konzilstheologen, umgetrieben hat. Mit dem *Motu proprio* »Traditionis custodes«, einem Dekret vom Juli 2021, sah er sich dann doch gezwungen, von Benedikt XVI. ermöglichte Formen einzuschränken und den Gebrauch von liturgischen Büchern aus der Zeit vor der Liturgiereform des Zweiten Vatikanischen Konzils massiv einzuschränken. Das wurde (zurecht) als deutliche Korrektur der Maßnahmen Benedikts empfunden, was den Vatikan wiederum bald darauf dazu veranlasste, »Erläuterungen« für die neuen Normen nachzuschieben. Es geht aber beileibe nicht nur um die Alte Messe!

In seinem jüngsten Apostolischen Schreiben »Desiderio desideravi – Über die liturgische Bildung des Volkes Gottes« vom 29. Juni 2022 hält Papst Franziskus fest: Die Dokumente des letzten Konzils sind ohne Abstriche anzuerkennen, es kann dabei keine wie auch immer gearteten Kompromisse geben. Wie schon in seinem *Motu proprio*

»Traditionis custodes« (2021) beklagt er auch hier: »Ich verstehe nicht, wie man sagen kann, dass man die Gültigkeit des Konzils anerkennt – obwohl ich mich ein wenig wundere, dass ein Katholik sich anmaßen kann, dies nicht zu tun – und nicht die Liturgiereform akzeptieren kann, die aus *Sacrosanctum Concilium* hervorgegangen ist und die die Realität der Liturgie in enger Verbindung mit der Vision der Kirche zum Ausdruck bringt, die in *Lumen Gentium* auf bewundernswerte Weise beschrieben wurde. Aus diesem Grund fühlte ich mich – wie ich in dem Brief an alle Bischöfe erklärt habe – verpflichtet zu bekräftigen, dass ›die von den heiligen Päpsten Paul VI. und Johannes Paul II. in Übereinstimmung mit den Dekreten des Zweiten Vatikanischen Konzils promulgierten liturgischen Bücher (…) die einzige Ausdrucksform der Lex orandi des Römischen Ritus [sind]‹ (*Motu Proprio Traditionis custodes*, Art. 1).«[43]

Noch deutlicher als in Nr. 31 wird er in Nr. 61: »Wir sind aufgerufen, den Reichtum der allgemeinen Grundsätze, die in den ersten Nummern von *Sacrosanctum Concilium* dargelegt sind, immer wieder neu zu entdecken und die enge Verbindung zwischen der ersten der konziliaren Konstitutionen und allen anderen zu verstehen. Deshalb können wir nicht zu jener rituellen Form zurückkehren, die die Konzilsväter *cum Petro und sub Petro* für reformbedürftig hielten, indem sie unter der Führung des Geistes und nach ihrem Gewissen als Hirten die Grundsätze billigten, aus denen die Reform hervorging. Die heiligen Päpste Paul VI. und Johannes Paul II. haben die revidierten liturgischen Bücher per Dekret *Sacrosancti*

Œcumenici Concilii Vaticani II genehmigt und damit die Treue der Reform zum Konzil garantiert. Deshalb habe ich *Traditionis Custodes* geschrieben, damit die Kirche in der Vielfalt der Sprachen ein und dasselbe Gebet erhebt, das ihre Einheit zum Ausdruck bringt. Diese Einheit möchte ich, wie ich bereits geschrieben habe, in der gesamten Kirche des Römischen Ritus wiederhergestellt sehen.«[44]

Was er hier einschärft, lässt an Deutlichkeit nichts zu wünschen übrig.

»Die Dynamik der aktualisierten Lektüre des Evangeliums von heute, die dem Konzil eigen ist, ist absolut unumkehrbar.«[45] Auf das kleine Wörtchen »unumkehrbar« kommt es hier bei Papst Franziskus an! Zehn, fünfzehn Jahre aktive Lebenszeit sind mir als seinem Ordensbruder vielleicht noch gegönnt. Ein Jesuit geht ja nie einfach in Pension und setzt sich zur Ruhe. Sofern es an mir liegt, will ich alles tun, damit das Zweite Vatikanische Konzil nicht in Vergessenheit gerät und sein Potential weiter entfalten kann.

2.
»Damit aus diesem Anfang des Anfangs ein richtiger Beginn werde«

München, 12. Dezember 1965, dritter Adventsonntag: Im überfüllten Herkulessaal der Münchener Residenz hält Karl Rahner den Festvortrag »Das Konzil – ein neuer Beginn«. Vier Tage zuvor, am 8. Dezember, war das Zweite Vatikanische Konzil in einer festlichen Schlussfeier im Petersdom abgeschlossen worden.

Parallel zur Schlussfeier in Rom hatte im Liebfrauendom der bayerischen Landeshauptstadt am Abend des 8. Dezember 1965 ein von Generalvikar Matthias Defregger zelebrierter Gottesdienst stattgefunden. Am 9. Dezember traf Erzbischof Kardinal Julius Döpfner aus der Ewigen Stadt ein. Die Kirchenzeitung berichtete nicht nur, wer zu seinem Tross gehörte. Sie hielt auch eine ungewöhnliche Aktion fest: »Der Kapitän der Lufthansa-Maschine hatte den Passagieren dieses Fluges eine besondere Überraschung bereitet: Bei strahlendem, wolkenlosen Himmel umflog er in geringer Höhe die Zugspitze.«[46]

Nach einer Pressekonferenz wurde Döpfner am Abend des 9. Dezember im Dom vom Domkapitel offiziell empfangen: »Im Presbyterium«, heißt es in dem Bericht, »hatten jene Männer aus unserer Erzdiözese Platz genommen, die nach den Worten unseres Kardinals wesentlichen Anteil am Gelingen dieses Konzils hatten: die Konzilstheologen, die Peritis aus unserer Diözese. Prälat Prof. Dr. Schmaus, Prof. Pascher, Prof. Mörsdorf, Prof. Rahner, Dr. Tilmann und P. Wulf SJ, sowie der Konzilssekretär des Kardinals, Dr. Gruber. Wenn die deutschen Bischöfe einen wesentlichen Beitrag zu diesem Konzil leisten konnten, so sagte Kardinal Döpfner, dann sei dies in erster Linie der hervorragenden Arbeit der deutschen Konzilstheologen zu verdanken.«[47] Die Stimmung war offenbar euphorisch, wie auch später beim Festakt.

Karl Rahner rangiert in dieser Aufzählung unter den aus dem Erzbistum München und Freising stammenden Konzilstheologen. Er wirkte zu dieser Zeit auf dem Romano-Guardini-Lehrstuhl für Christliche Weltanschauung an der Ludwig-Maximilians-Universität. Allerdings war er auf dem Konzil offiziell persönlicher theologischer Berater des Wiener Erzbischofs Kardinal Franz König gewesen. Er hatte aber auch anderen Bischöfen, ja ganzen Bischofskonferenzen zugearbeitet, allen voran den deutschen Bischöfen. Zu Döpfner war der Kontakt besonders eng. Die beiden schätzten einander gegenseitig sehr. Und so lag es nahe, dass Döpfner, soeben frisch gewählter Vorsitzender der Deutschen Bischofskonferenz, Rahner um eine erste, geradezu taufrische Bilanz über das Jahrhundertereignis in Rom bat.

Rahners Vortrag geriet zum Höhepunkt des Festaktes, zu dem zahlreiche Prominenz aus den verschiedenen Kirchen und Religionsgemeinschaften, aus Politik und Gesellschaft erschienen war, darunter der bayerische Ministerpräsident

Alfons Goppel, einige seiner Minister und Staatssekretä-
re, Hans-Jochen Vogel, der Oberbürgermeister von München, der Chef des Hauses Wittelsbach, Herzog Albrecht
von Bayern, zahlreiche Universitätsprofessoren sowie Rek-
toren und Leiter katholischer Ausbildungseinrichtungen.
Die »Süddeutsche Zeitung« berichtete tags darauf in einem
ausführlichen Beitrag von »langanhaltendem Beifall« für
den Festredner und zitierte das Schlusswort von Kardinal
Döpfner: »Mir kommt es vor, als ob eigentlich jedes weitere
Wort in dieser Stunde überflüssig sei.«[48] In einem mit 20.
Dezember 1965 datierten Weihnachtsbrief, dem der Kardinal 1000 DM (»als Aufwandsentschädigung für die letzte Sitzungsperiode und zum andern als Honorar für den
Vortrag im Herkulessaal«) beilegte, schrieb Döpfner: »Ich
darf bei dieser Gelegenheit meine tiefempfundene Dankbarkeit zum Ausdruck bringen für alle wertvolle Mithilfe
in der Konzilsarbeit, vor allem aber für Ihren hervorragenden Vortrag beim Festakt am 12. Dezember. Ihre Betrach-
tung des Konzilsereignisses hat nicht nur mir persönlich,
sondern auch weiten Kreisen, wie ich von verschiedenen
Seiten höre, zu einer nüchternen und doch zugleich sehr
positiven, tröstlichen Deutung dieses Geschehens verhol-
fen und Mut gemacht für die keineswegs leichten Aufgaben
der Zukunft.«[49]

Der Text von Rahners Rede erschien als eigenständige
Veröffentlichung im Verlag Herder. Der Matthias Grüne-
wald Verlag brachte sie dreißig Jahre später (1995, zusammen mit zwei anderen Reden) als Tondokument auf Au-
dio-CD heraus (»Berührt vom unendlichen Geheimnis«).
Rahner zu hören ist noch einmal ein spezielles Erlebnis! In

der Edition der »Sämtlichen Werke«, wo die verschiedenen Textvarianten eingehend dokumentiert sind, ist der Text in Band 21 aufgenommen.

Fünfzig Jahre nach der Eröffnung des Konzils, 2012, habe ich zusammen mit Albert Raffelt die längst vergriffene Rahner-Rede als eigenständige Publikation herausgegeben und neu zugänglich gemacht. In seinem Geleitwort schrieb ein Zeitzeuge, Kardinal Lehmann: »Es war ein Ereignis, das die bayerische Landeshauptstadt sehr beeindruckt hat. Ich bin in den folgenden Tagen im Büro geradezu überwältigt worden mit der Bitte um das Redemanuskript, das wir rasch zum Druck brachten. Ein prominenter Anrufer, der damalige Münchener Oberbürgermeister Dr. Hans-Jochen Vogel, sagte mir am Telefon: ›Wenn das, was Karl Rahner sagte, Wirklichkeit wird, ist dies eine ganz neue Zukunft für die Kirche.‹«[50] Rahner hatte während des Konzils im Collegium Germanicum et Hungaricum logiert, wo ihm der Seminarist Karl Lehmann (*1936) auffiel. Er zog ihn permanent für Dienste heran: »So hat mich Karl Rahner immer wieder um Hilfe gebeten, wenn es darum ging, Texte abzuschreiben und später zu redigieren, Kopien anzufertigen, Büromaterial zu besorgen usw. Schließlich habe ich auch mit dem Taxi in einem Koffer in ganz Rom bei den verschiedenen Niederlassungen der einzelnen Bischofskonferenzen Texte verteilt.«[51] Von 1964 bis 1968 war Lehmann dann offiziell Assistent Karl Rahners – zuerst in München, dann in Münster (Westfalen).

Karl Rahner hatte, wie so oft zuvor, den Ton getroffen und die Dinge auf den Punkt gebracht. Unverhohlen warnte er vor einem falschen »Enthusiasmus«, einer naiven, weil

unreflektierten Konzilseuphorie: »Das Konzil hat einen Anfang für den Aggiornamento, für die Erneuerung, gesetzt, ja
sogar für die immer fällige Buße und Bekehrung: den Anfang des Anfangs. Das ist viel. Aber eben nur den Anfang
des Anfangs. Alles, fast alles ist noch Buchstabe, aus dem
Geist und Leben, Dienst, Glaube und Hoffnung werden
können, aber nicht von selbst werden. Die Kirche hat sich
zu einer Hoffnung bekannt, aber sie muss erst noch erfüllt
werden. Und diese Kirche, das ist eine grundlegende Aussage aus Geist und Feuer, sind wir alle selber.«[52]

Ein Signalwort von Johannes XXIII. aus dessen Konzilseröffnungsansprache vom 11. Oktober 1962 ist hier aufgenommen: »Aggiornamento«. Ein gar nicht so leicht zu über-
setzendes Fremdwort: auf den Tag, auf die Höhe der Zeit
bringen – das war das Bestreben des Papstes gewesen. »Ver-
heutigung«, aber nicht verstanden als eine Auslieferung an
den Zeitgeist, wie nachkonziliare kritische Stimmen, meist
im polemischen Sinn, geltend machten. Rahner war sich als
einer der »Wasserträger« des Konzils sehr bewusst, dass die
eigentliche Arbeit, nämlich die Umsetzung der mehrjährigen Beratungen, einhergehen muss mit einem tiefgreifenden Mentalitätswechsel, einem gänzlich neuen Kirchenverständnis auch. Denn das Konzil wollte keine andere Kirche.
Aber es wollte, dass die Kirche anders wird: biblischer, jesuanischer, mehr auf das pilgernde Volk Gottes schauend
als auf eine Priester-, Bischofs- und Papstkirche starrend.

»Der Aggiornamento, den die Kirche vorbereitet«, so Rahner weiter, »ist nicht das Bestreben, die Kirche etwas gemüt-
licher und ansehnlicher in der Welt einzurichten, sondern
eine erste, von ferne anlaufende Zurüstung, um der Frage

auf Leben und Tod von morgen standhalten zu können. Dieses Konzil ist nur ein Anfang – auch in dieser Perspektive.«[53] Ungewöhnlich für den als nüchtern geltenden Jesuiten, wurde Rahner nicht nur pathetisch, sondern in einigen Passagen sogar poetisch: »Natürlich muss die Kirche ihrem Wesen und – richtig verstanden – selbst ihrer Vergangenheit treu bleiben. Nicht morgen schon wird alles anders und besser. Die heilige Kirche bleibt auch künftig die Kirche der armen Sünder, die wir alle sind, die ecclesia semper reformanda in capite et in membris. Freilich wird es lange dauern, bis die Kirche, der ein II. Vatikanisches Konzil von Gott geschenkt wurde, die Kirche *des* II. Vatikanischen Konzils sein wird. Ähnlich dauerte es ja einige Generationen, bis nach dem Trienter Konzil die Kirche eine Kirche der Trienter Reform geworden war. Aber das alles ändert nichts an der heiligschrecklichen Verantwortung, die wir alle, die *wir* die Kirche sind, uns aufgeladen haben durch dieses Konzil: zu *tun*, was wir gesagt haben, die zu werden, die zu sein wir erkannt und vor aller Welt bekannt haben, aus Worten Taten zu machen, aus Gesetzen Geist, aus liturgischen Formen wahres Gebet, aus Ideen Wirklichkeit. Dafür konnte das Konzil nicht mehr als den Anfang des Anfanges setzen. Das ist unsagbar viel. Es würde aber ein hartes Gericht für Hirten und Herde, für uns alle bedeuten, wenn wir Wort und Tat, Anfang und Vollendung verwechseln wollten. Wir sind auf dem Konzil wie einst Elias durch eine weite Wüste gewandert und dem heiligen Berg Gottes nähergekommen. Wenn wir uns jetzt darum müde, schläfrig und verdrossen unter dem Ginsterbusch eines konziliaren Triumphalismus ausruhen würden, dann wird, dann möge, ja dann muss uns der Engel Gottes durch die schrecklichen Gefahren und Qualen dieser Zeit, durch Verfolgung, Abfall und Schmerzen des Herzens und des Geistes aus unserem Schlaf aufwecken: mach dich auf, ein großer Weg steht dir noch bevor.«[54]

Wie aufwendig, wie mühsam, wie steinig dieser Weg sein würde, konnte zum Zeitpunkt dieser Rede keiner absehen. Auch nicht, welche Abwege und Irrwege eingeschlagen wurden – mit Berufung auf das Zweite Vatikanische Konzil. »Es ist hier, um ein recht profanes Beispiel zu beschwören«, so Rahner weitsichtig, »wie bei der Gewinnung von Radium. Man muss eine Tonne Pechblende schürfen, um 0,14 Gramm Radium zu gewinnen, und doch lohnt es sich. Alles kirchliche Tun als solches in Regieren, Reden, Theologisieren, Reformieren, in Unterricht und in Selbstbehauptung inmitten der heutigen Gesellschaft ist mit all dem riesigen Apparat, Aufwand und Betrieb, die dabei unvermeidlich sind, nur so etwas wie die Förderung von ungeheuren Mengen Pechblende, *damit* in *unserem* Herzen – und da letztlich allein – ein klein wenig Radium von Glaube, Hoffnung und Liebe gewonnen werde. Denn das Konzil und alle nachkonziliare, ungeheure, notwendige Reformarbeit sind nur Dienst und Vorbereitung. Dieser Dienst zielt im Grunde nicht auf die Selbstbehauptung der Kirche in der Zukunft, sondern er zielt in und nach dem Konzil auf die wahre Unendlichkeit des Menschen und vor allem auf die Ankunft des Reiches Gottes, will ganz einfach: Glaube, Hoffnung und Liebe.«[55]

Günther Wassilowsky kommentierte dieses Bild Jahrzehnte später so: »Dieses deprimierende Bild gebrauchte Karl Rahner für das II. Vatikanum in seinem ersten öffentlichen Vortrag nach Konzilsabschluss. Rahner wollte mit dem Vergleich aber nicht das unproportionale Verhältnis thematisieren, das man zwischen dem ungeheuren Aufgebot konziliarer Plackerei und dem finalen Ergebnis, zwischen Konzilsereignis und Konzilstext, empfinden kann. Für Rahner sind es nicht die am Ende verabschiedeten Dokumente, die das Radium der in den Jahren 1959 bis 1965 aufgetürmten Halden von Pechblenden bilden. Das Radium eines Konzils ist vielmehr zusammengesetzt aus dem Ternar der *nachkonziliar* gelebten göttlichen Tugenden: Wenn das ganze II. Vatikanum in all seinen Texten, die es auf Berge von Papier schrieb, wenn es in all seinen Schemata, Modi, Animadversiones und Briefen, in allen in der Aula und in den römischen Cafeterien gehaltenen Reden, Relationes, Debatten, wenn es in jeder seiner Stimmen und Gegenstimmen – wenn also das *ganze* II. Vatikanum zwar einmal in den ›Sprachen der Menschen und Engel‹ geredet hat, aber danach im alltäglichen, außerkonziliaren Leben der Kirche nicht ein Gramm mehr Glaube, Hoffnung und Liebe bewirkt, so ist auch das II. Vatikanum nichts.«[56]

In der Schlusspassage seiner Rede kam Rahner noch einmal darauf zu sprechen, und diese Bemerkungen fangen die gesamte Stimmung am Ende des Jahrhundertereignisses Konzil trefflich zusammen: »Wenn die Kirche in den nächsten Jahrzehnten besser regiert, schöner liturgisch handeln würde, wenn tiefsinnigere Theologie, klareres Recht, größerer gesellschaftlicher Einfluss erwachsen würde, aber eben nicht mehr Glaube, Hoffnung und Liebe, dann wäre doch alles umsonst. Man würde Halden von Pechblenden auftürmen – und doch kein Radium gewinnen. Es liegt aber an uns, an *jedem* von uns, an *jedem* in der Alltäglichkeit des Lebens und in der letzten einsamen Entscheidung des Gewissens, *diesen* Sinn des Konzils aus Gottes Gnade allein in der königlichen Freiheit der Kinder Gottes zu tun. Gott gebe uns dazu seine Gnade.«[57]

Alles wäre umsonst (gewesen), wenn nicht ... Wie liest sich das sechzig Jahre nach Konzilsbeginn? Als bittere Wahrheit? Als *self-fulfilling* (oder besser: *self-defeating*) *prophecy*: eine selbsterfüllende bzw. selbstzerstörerische Prophezeiung? Karl Rahner wusste, wovon er redete. Jahrelang hatte er sich in Rom abgerackert. Aber er sah auch nicht künstlich schwarz: »Wir spielen immer die unvollendete Symphonie der Ehre Gottes und immer ist nur Generalprobe. Aber darum ist alle Mühe, alle immer unvollendete und unvollendbare Reformation nicht umsonst, nicht sinnlos.«[58] In den ihm verbleibenden neunzehn weiteren Lebensjahren seit seiner Rede wurde er nicht müde, auf die bleibende Bedeutung des Zweiten Vatikanischen Konzils hinzuweisen und sich energisch für seine Umsetzung einzusetzen.

Dass es darum auch heute noch geht – 2012, fünfzig Jahre nach Konzilsbeginn ebenso wie 2022 –, liegt auf der Hand. Es gilt, was der Wiener Dogmatikprofessor Jan-Heiner Tück im Vorwort zur bald fälligen zweiten Auflage eines monumentalen, 755 Seiten starken Gedenkbandes von 2012 festhält: »Das Zweite Vatikanische Konzil ad acta zu legen und als abgeschlossene Angelegenheit zu betrachten hieße, seine Erneuerungspotentiale leichtfertig aufs Spiel zu setzen. Das Konzil ist ein Ereignis der Kirche, es hat eine Vielzahl von Dokumenten hinterlassen, deren Impulse das Leben der Kirche bis heute prägen.«[59]

3.
Papst Johannes XXIII.
oder: ein »Pontifikat des Übergangs«

Vorgesehen war das Konzil nicht. Und Karl Rahner gehörte, wie viele andere Theologen, nicht zu denen, die Luftsprünge machten und in Begeisterung ausbrachen, als es aus heiterem Himmel angekündigt wurde. Denn es stellte sich damals grundsätzlich die Frage: Warum überhaupt (noch) ein Konzil – nachdem das Erste Vatikanische Konzil (1869/70) dem Papst mit den Dogmen der Unfehlbarkeit und des Jurisdiktionsprimats volle und umfängliche Macht zugesprochen hatte, wenn auch unter problematischen, höchst umstrittenen Umständen, deren »langer Schatten«[60] bis heute nachwirkt? Konzilien wurden in der Folge weitgehend als überflüssig betrachtet, in der Kirche ebenso wie in der Öffentlichkeit.

Aber ein neuer Papst war da ganz anderer Ansicht. Und er landete damit einen veritablen Überraschungscoup! Um von ihm zu wissen, war ich seinerzeit schlicht zu jung. Als er starb, am 3. Juni 1963, ein Pfingstmontag, war ich gerade einmal acht Monate alt. Aber wenn ich später als Schüler und Student Pfarrer oder Professoren von ihm sprechen hörte, begannen deren Augen zu leuchten: Papst Johannes XXIII. löste Emotionen aus! Seine über-

raschende Wahl machte ihn zu einem großen Hoffnungsträger – weit über die römisch-katholische Kirche hinaus.
Mit der Ankündigung eines Konzils überraschte er total:
die einen, weil sie sich fragten, warum es überhaupt ein
Konzil brauche, wo doch der Papst alles »im Alleingang«
machen und nach Belieben schalten und walten konnte;
die anderen, weil sie aufatmeten und Reformen erwarte-
ten: dass die Kirche aus ihrem Ghetto ausbricht und sich
auf die moderne Welt zubewegt, ihre Anliegen und Fragen
aufnimmt. Ein Papst als Projektionsfläche – wofür Johannes XXIII. allein schon von seiner optischen Erscheinung
her viel zu bieten hatte.

Eine bezeichnende Erinnerung an seinen Vorgänger
fand ich bei einem ehemaligen Assistenten Karl Rahners,
der über ein Vierteljahrhundert lang als Professor für Pas-
toraltheologie im Schweizerischen Fribourg lehrte: »Es
war eine sakrale Welt. Und ich liebte sie. Als Papst Pius
XII. starb, meinte ich fast, Gott selber sei gestorben.«[61] So
drückt Leo Karrer (1937–2021) sein Empfinden als 21-Jäh-
riger aus. Und er steht damit nicht allein. Nach dem »en-
gelgleichen Papst« Eugenio Pacelli, einem ausgebildeten
Diplomaten und Juristen, repräsentierte der rundliche, aus
Sotto il Monte in der oberitalienischen Provinz Bergamo
stammende Bauernsohn Angelo Giuseppe Roncalli (1881–
1963) schon rein optisch einen völlig anderen Phänotyp.
Der Kontrast hätte größer nicht sein können. Erfahrungen
als Apostolischer Visitator in Bulgarien (1925–1934) und
als Apostolischer Delegat für Griechenland und die Tür-
kei (1935–1944) – diplomatische B-Posten – hatten ihn für
ökumenische Fragen, nicht nur mit der orthodoxen Kir-

che, sensibilisiert. Während des Zweiten Weltkriegs half er Juden bei der Flucht, um sie vor der Deportation zu bewahren.

Eine gewisse Entkrampfung setzte ein, beinahe schlagartig. Johannes XXIII. wusste, wie wichtig symbolische Akte bei Begegnungen sind, wie sehr es in heiklen Situationen nicht nur auf dem diplomatischen Parkett auf Herzlichkeit, Höflichkeit und Humor ankommt. Seine Versetzung nach Paris als Nuntius (Dezember 1944), so eine gut belegte Vermutung, war eine Art Racheaktion des Vatikans, der – zuvor gezwungen (worden), mit dem Vichy-Regime unter Philippe Pétain kollaborierende Bischöfe abzusetzen – einen »Nobody« an die Seine schickte, um Charles de Gaulle, damals Präsident der Provisorischen Regierung, zu brüskieren. Mit seiner natürlichen Freundlichkeit konnte Roncalli weitere Absetzungen von Bischöfen (drei statt 30) verhindern und die französische Regierung für sich einnehmen. 1953 wurde er zum Patriarchen von Venedig ernannt. Den »roten Hut« des Kardinals empfing er noch in Frankreich, traditionsgemäß aus den Händen des Staatspräsidenten Vincent Auriol.

Im Oktober 1958 nahmen 51 von 53 Kardinälen am Konklave teil. 24 von ihnen waren noch älter als der 77-jährige Roncalli. Im elften Wahlgang, nach vier Tagen, wurde er zum Bischof von Rom gewählt. Ihr durchschaubares Kalkül: Wir wählen einen der Ältesten, der neue Kardinäle ernennen wird (Pius XII. hatte das seit 1953 nicht mehr getan), und bei der nächsten Papstwahl gibt es dann eine größere Auswahl. Soweit die Idee, die ich irgendwie auch nachvollziehen kann: ein Übergangspontifikat (»pontificato di passagio«), »d. h. man ging davon aus, dass es nur von kurzer Dauer sein würde und dazu bestimmt sei, in aller Ruhe die Traumata der langen und dramatischen Regierung von Pius XII. zu tilgen«[62].

Aber der Heilige Geist funkte dazwischen. Er hielt sich nicht an diesen »Fahrplan«. Denn Gottes Geist ist nicht steuer- und schon gar nicht manipulierbar. Bereits wenige Tage nach seiner Wahl hatte der Papst den seit vierzehn Jahren vakanten (!) Posten des Kardinalstaatssekretärs wieder besetzt: mit Domenico Tardini (1888–1961), der es 1954 – auch das gibt es – aus Bescheidenheit abgelehnt hatte, von Pius XII. ins Kardinalskollegium aufgenommen zu werden. Zunächst freilich lief noch alles wie gedacht. Beim ersten Konsistorium bereits, im Dezember 1958, gab es deutliche Weichenstellungen des »Übergangspapstes«: Unter den neuen Kardinälen waren Julius Döpfner (Berlin), Franz König (Wien) und Giovanni Battista Montini (Mailand). Dieser war in den 1950er-Jahren als Pro-Staatssekretär in Ungnade gefallen und als Erzbischof in die lombardische Metropole weggelobt, sprich: abgeschoben worden. Jetzt war er der Erste auf der Liste der neuen Kardinäle, also die »prima creatura« Johannes' XXIII., worin manche einen Hinweis sehen wollten auf seinen Wunschnachfolger[63]. Während seines vier Jahre und acht Monate dauernden Pontifikats (1958–1963) ernannte bzw. »kreierte« Johannes XXIII. in fünf Konsistorien 55 neue Kardinäle und war bestrebt – wie sein dafür heftig kritisierter Vorgänger –, die Römische Kurie zu internationalisieren. Das Kardinalskollegium sollte die Weltkirche abbilden. Es gab den ersten japanischen, den ersten philippinischen und den ersten afrikanischen Kardinal überhaupt. Die von Papst Sixtus V. – einem Franziskaner mit bürgerlichem Namen Felice Peretti di Montalto (1521–1590), im April 1585 per Akklamation zum Bischof von Rom gewählt – mit der Bulle »Postquam verus« festgelegte Höchstzahl von siebzig Kardinälen war damit Geschichte.

Keine neunzig Tage nach seiner Wahl allerdings kündigte Johannes XXIII. ein neues, ein »ökumenisches« Konzil an. Das war am 25. Januar 1959, am Ende der Weltgebetswoche für die Einheit der Christen. Die siebzehn Kardinäle, die in der Sakristei der Basilika *San Paolo fuori le mura* versammelt waren, konnten es kaum fassen. Es verschlug ihnen buchstäblich die Sprache. Aus einem Tagebucheintrag des Papstes erfuhr man später: »Menschlich gesehen, hätten wir erwarten können, dass die Kardinäle, nachdem sie unsere Ansprache gehört hatten, sich um uns gedrängt hätten, um uns ihre Zustimmung und ihre guten Wünsche auszusprechen (…). Stattdessen herrschte eindrucksvolles, andächtiges Schweigen (*impressionante, devoto silenzio*).«[64] Das Konzil: ein »Betriebsunfall« des Heiligen Geistes?

Das »eindrucksvolle Schweigen« war ein eisiges Schweigen. Eine Art Schockstarre. Die langen Gesichter der Altherrenrunde kann ich mir lebhaft vorstellen! Da hatte es einer gewagt, noch dazu einer aus ihrem Kreis, den sie gewählt hatten …! So kann man sich eben täuschen, wenn man einen Übergangspapst wählt, der sich in mehrfacher Hinsicht als Papst des Übergangs entpuppt! Der Apparat, die Römische Kurie, reagierte auf seine Art. Bezeichnend: Der »L'Osservatore Romano« brachte lediglich ein mageres Kommuniqué des Staatssekretariats, unter ferner liefen sozusagen, »bloß

als Notiz auf den Innenseiten des Blattes«[65]. Die Ansprache selbst veröffentlichte die offiziöse Zeitung des Vatikans
nie[66]: ein drastischer Kontrast zu der Aufmerksamkeit, auf
welche die Konzilsankündigung in der Öffentlichkeit stieß.
Was dort wie ein »Paukenschlag«[67] wirkte, ein »Fanal«, das
»global Hoffnung (weckte) auf kirchliche Reform«[68], wurde
vom Kardinalskollegium in der Folge »mehrheitlich reser-
viert aufgenommen«: Nur 24 der 74 Kardinäle antworteten
mit zustimmenden Schreiben[69]. Spätere Reaktionen zeigen,
wie schwer sich manche jahrzehntelang mit diesem Konzil
taten. Ich greife nur ein prominentes Beispiel heraus, zumal der Erzbischof von Genua im Konklave vom August
1978 (das Albino Luciani, den »33-Tage-Papst«, wählte) als
»Papstfavorit« galt: »Die Kirche wird fünfzig Jahre brauchen, um sich von den Irrwegen Johannes' XXIII. zu erho-
len«[70] – so Kardinal Giuseppe Siri (1906–1989), der auf dem
Konzil zu den Wortführern des restaurativen Kirchenflügels
gehören sollte. Andere fragten unverhohlen, wie der Papst
es »wagen« könne, ein Konzil einzuberufen: Ob er sich bewusst sei, welches Fass er damit aufmache, in welches »Wes-
pennest« er damit steche? Man erklärte es sich mit seiner
»Unerfahrenheit«, einem gewissen »Mangel an Bildung«
und seiner »heiligen Einfalt«. Er sei eben viel zu impulsiv –
alles nicht gerade sehr schmeichelhafte Prädikate, die indes
tief blicken lassen.

Die Papstwähler hatten sich offensichtlich getäuscht und
sie fühlten sich getäuscht. Und reagierten entsprechend.
Warum überhaupt ein Konzil? Warum jetzt? Und wie sollte es organisiert werden? Johannes XXIII. setzte sich über
solche Bedenken hinweg. Bis heute scheiden sich die Geis-

ter, ob es sich wirklich um eine spontane »Eingebung« des Papstes gehandelt hat. Schon seine Vorgänger Pius XI. (1857–1939) und Pius XII. (1876–1958) hatten – unter größter Geheimhaltung – Konzilspläne ventilieren lassen, solche aber immer wieder verworfen. Über das Stadium der Planung kamen sie nie hinaus. Auch stand die Frage im Raum, ob es sich dabei um eine Fortsetzung bzw. Wiederaufnahme des »sine die«, wegen des Einmarsches französischer Truppen in den Kirchenstaat auf unbestimmte Zeit vorzeitig abgebrochenen Ersten Vatikanums handle – was Johannes XXIII. später ganz pragmatisch lösen sollte, indem er im Juli 1959 vom Zweiten Vatikanischen Konzil sprach. Damit wurde er eine »Hypothek« los: Allen Bedenkenträgern wurde damit signalisiert, dass ihm ein »neuartiges« Konzil mit einem »pastoralen« Ansatz vorschwebte. Damit wurden die unter den beiden Vorgängerpäpsten vorgezeichneten Spuren zweifelsfrei verlassen, allen Spekulationen, die ekklesiologische Konzeption des Ersten Vatikanums könne fortgesetzt und festgeschrieben werden, war damit der Boden entzogen[71].

Johannes XXIII. kündigte neben dem Konzil außerdem eine Diözesansynode für das Erzbistum Rom an – beides als eine Voraussetzung für ein »Aggiornamento« des *Codex Iuris Canonici*. Dieses Projekt, die Neukodifizierung des seit 1917 geltenden Kirchenrechts, dauerte (wie weiter oben bereits vermerkt) bis 1983. Die Beschlüsse der Diözesansynode (24. bis 31. Januar 1960) wiederum sollten die Sprache einer antimodernistischen Kirche des 19. und frühen 20. Jahrhunderts sprechen. Sie atmeten den puren Geist eines (überwunden geglaubten) restaurativen Kirchenverständnisses. Wer sie als eine Art »Probegalopp« für das anstehende Konzil verstand, musste schockiert feststellen, dass sie »Beschlüsse von atemberaubender Kleinkariertheit«[72] produzierte. Priestern etwa verbot sie den »Kinobesuch bei der Strafe der Suspension«[73], in Theatern, Opern, Bars oder Restaurants sollten sie sich auch nicht blicken lassen, Pferderennen galten als suspekt und schon gar nicht sollte ein Priester mit einer Frau allein im Auto fahren[74]. All das ließ nichts Gutes ahnen, zumal die Synode – die erste in der langen Geschichte Roms überhaupt – für den Papst Modellcharakter für das Konzil hatte. Sie sollte dessen »Vorläuferin« sein: »Wie war es möglich, dass er die so enttäuschend verlaufene Römische Synode ohne ein Wort des Widerspruchs präsidierte und ihre Beschlüsse billigte?«[75]

Johannes XXIII. schwebte jedoch ein neuer Konzilstyp vor. Er wollte ein »Pastoralkonzil«[76]: Es sollte nach seiner Vorstellung keine Verurteilungen (»Anathemata«) aussprechen, sondern die Kirche auf die Höhe der Zeit, sie mit der Gegenwart ins Gespräch bringen. Sein nachmalig viel zitiertes Schlüsselwort dafür: »Aggiornamento«, ein Wort, das von ihm, wie der Bologneser Doyen der Konzilsgeschichtsforschung Giuseppe Alberigo festhält, »mit solchem Erfolg in die kirchliche Sprache eingeführt (wurde), dass es unübersetzt in den allgemeinen Sprachgebrauch aufgenommen wurde«[77].

Roncalli hatte es schon als Patriarch von Venedig aus Anlass einer Provinzialsynode (1957) benutzt und später in Zusammenhang mit dem Konzil immer wieder präzisiert. Aber auch vor Missverständnissen und Fehldeutungen gewarnt. »Es geht weder bloß um Erneuerung der Institutionen«, so Alberigo, »noch um eine Veränderung in der Lehre, wohl aber um ein neues radikales Eintauchen in den überlieferten Glauben mit dem Ziel, das christliche Leben und das Leben der Kirche zu erneuern im Geist der Freundschaft mit den Menschen. Auf der Grundlage dieser Überzeugung hielt es Johannes XXIII. für unerlässlich, ein Konzil abzuhalten, das alle Energien sammeln sollte, um ein Jungwerden der Kirche zu bewirken, das sie befähigen sollte, dem heutigen Menschen das Evangelium darzustellen und zu vermitteln. Dieses Konzil sollte die Kirche von den Verkrustungen der Geschichte befreien, welche sich im Laufe der Jahrhunderte angelagert hatten.«[78] Auf dem Konzil selbst taucht das Wort in gleichlautenden lateinischen Ausdrücken wie etwa »accommodatio« oder »renovatio accommodata« auf.

Als Sekretär von Giacomo Maria Radini-Tedesci, dem Bischof von Bergamo, hatte Roncalli 1910 dessen Diözesansynode mitgemacht. Er edierte zwischen 1936 und 1958 in fünf Bänden die Visitationsprotokolle von Karl Borromäus (1538–1584), einem wichtigen Reformtheologen und späteren Bischof von Mailand und Kardinal, der 1575 in der Diözese Bergamo die Durchführung der Reformbeschlüsse von Trient inspizierte. »Religiöse Erneuerung« war für diesen Papst also weder ein Fremdwort noch nur ein historischer Begriff. Das Zweite Vatikanum sollte ein Reformkonzil sein wie seinerzeit das von Trient (1545–1563).

Die Bilder, die Johannes XXIII. dafür in den nächsten Monaten im Kopf hatte, sprechen für sich. Sie haben alle mit Aufbruch zu tun, so »blumig« sie damals daherkamen und so schwammig solche Metaphern wirken mögen, so-

lange sie nicht mit Inhalten gefüllt sind: »ein neues Pfingsten« (*novella Pentecoste*) etwa oder die Rede von »Epochen
der Erneuerung«. Zahlreiche Anekdoten kursieren bis heute. Auf die Frage, was er denn mit dem Konzil beabsichtige,
was er davon erwarte, soll er in seinem Arbeitszimmer zu
einem Fenster gegangen sein, öffnete es und sagte einfach:
»Frische Luft«.

Der spätere Bischof von Fulda, Eduard Schick (1906–
2000), seit 1962 Weihbischof und deswegen Konzilsteilnehmer, kommentierte diese Episode so: »Die kalte Luft
von draußen strömt herein, erwärmt sich drinnen und
warm strömt sie hinaus. Es gibt kaum ein treffenderes Bild
für die ›Kirche in der Welt von heute‹.«[79] Und der schwä-
bische Priesterkünstler Sieger Köder (1925–2015), der als
»Prediger in Bildern« bezeichnet wurde, hat ein Bild mit
dem Titel »Das offene Fenster« gemalt. Es spricht Bände:
Im Hintergrund sieht man ein weit geöffnetes Fenster der
Papstwohnung. Unter dem Fenster hört Johannes XXIII.
mit einem roten Rubin am Ringfinger einem Wissenschaft-
ler zu, der einen Stein in der Hand hält: dem Paläontologen
Pierre Teilhard de Chardin SJ (1881–1955). Zu Lebzeiten
war der in New York verstorbene Jesuit mit Lehr- und Pub-
likationsverbot belegt. Köders Aussage: Der »papa buono«
öffnet Fenster, damit Gottes Geist durch den Apostolischen
Palast wehen kann. Er geht auf Menschen zu, er hört hin, er
rehabilitiert: »Die Türen und Fenster, die Johannes XXIII.
geöffnet hat, sind nicht mehr zu schließen, nur unter Verlust des Pfingstgeistes, der löst, was erstarrt ist.«[80] Auch
warnte Johannes XXIII. nicht nur einmal davor, die Kirche
dürfe nicht mit einem »Museum« verwechselt werden.

Von den Bildern zum Programm: »Papst Johannes XXIII. wollte ein Konzil des historischen Übergangs, folglich ein Konzil, das der Kirche den Weg weist aus der nachtridentinischen Epoche und in gewissem Maße aus der jahrhundertelangen konstantinischen Zeit in eine neue Phase des Zeugnisses und der Verkündigung.«[81] Von dieser anspruchsvollen Absicht her wird noch einmal deutlich, was Karl Rahner in seiner Rede in München zum Abschluss des Konzils meinte, wenn er sagte, dass es »dauern« werde, bis die Kirche endlich »die Kirche *des* II. Vatikanischen Konzils« geworden sei.

Johannes XXIII. war felsenfest davon überzeugt, dass die Kirche dringend Erneuerung brauchte. Sein Andenken zu bewahren – er wurde im Jahr 2000 (unglückseligerweise zusammen mit Pius IX.[82]) selig- und 2014 (gemeinsam mit Johannes Paul II.) heiliggesprochen – heißt deswegen auch, seinen Entschluss, ein Konzil einzuberufen, rückhaltlos zu bejahen und nicht mit pseudotheologischen Spitzfindigkeiten kleinzureden. Sein gläubiger Optimismus ließ ihn vorangehen, und davon könnten wir sechzig Jahre später lernen, wenn wir in der Spur dieses Konzils weitergehen wollen: »Mit diesem Geist hat Johannes XXIII. einen Maßstab gesetzt, dem sich die Kirche nicht mehr entziehen kann.«[83]

4.
Ein Blitzkonzil ...?

Wenn schon, denn schon! So mögen manche gedacht haben: Wenn es schon ein Konzil gibt, wenn es sich nicht mehr verhindern ließe, wenn es schon stattfinden müsse, dann wenigstens ein »concilio lampo«: ein Blitzkonzil. Das Kalkül dabei: Die Bischöfe kommen nach Rom, sie stimmen über vorliegende, längst ausgearbeitete Texte ab, vielleicht lassen sich dabei Debatten nicht abwürgen, aber auch diese wären gesteuert – und dann reisen die Bischöfe wieder ab.

Auf den Punkt brachte diese Mentalität, mit erstaunlichem Selbstbewusstsein aus meiner Sicht, ein niederländischer Jesuit: Sebastian Tromp (1889–1975). Er lehrte seit 1929 an der Päpstlichen Universität Gregoriana Fundamentaltheologie (Apologetik) und galt als einflussreicher Berater Papst Pius' XII., an dessen (kriegsbedingt zunächst nur innerkirchlich wahrgenommenen) Enzyklika »Mystici corporis« (29. Juni 1943) über die Verfasstheit der Kirche als mystischer Leib Christi er als Ghostwriter mitgewirkt hatte. Tromp, der als »das theologische Gehirn Kardinal Ottavianis«[84] und einflussreicher Konsultor des Hl. Offiziums (»Büro Ottaviani«) galt, erklärte im Frühherbst 1962 einem zufällig im selben Nachtzug nach Rom sitzenden Freiburger Seminaristen, es sei »alles vorbereitet«: »Es fehlt ja auch fast nichts mehr an der vollendeten Synthese des katholischen Glaubens. Nur der Monogenismus muss noch definiert werden.« Und er skizzierte dem verdutzten Karl Lehmann (1936–2018), dem späteren Mitarbeiter und Assistenten Karl Rahners und nachmaligen Bischof von Mainz (1983–2016), den Fahrplan: »Die Herren werden in Rom nicht so lange zu tun haben. Sie werden bald sehen, dass man die Vorlagen nicht besser machen kann, werden rasch unterschreiben und wieder nach Hause fahren. Die Kirche hat ja nichts anderes als einen Sack voll Wahrheiten. Den wird sie von Zeit zu Zeit schütteln. Dann wird manches wieder mehr nach oben kommen. Aber es ändert sich nichts. Dies wird sich auch beim Konzil erweisen.«[85]

Es sollte also alles möglichst schnell gehen und möglichst wenig passieren! Tromp sollte sich täuschen. Gewaltig. Es kam nämlich ganz anders! Den Countdown bis zur Konzilseröffnung muss ich hier nicht breit wiederholen. Ich kann Eckdaten in Erinnerung rufen: Die intensive Vorbereitungszeit dauerte über drei Jahre: von Januar 1959 bis Oktober 1962.

1. Johannes XXIII. richtete zunächst am 17. Mai 1959 – unter der Leitung von Kardinalstaatssekretär Domenico Tardini, den er fünf Tage vor dem Überraschungscoup vom 25. Januar 1959 »ziemlich zögernd und unsicher« in seine Pläne eingeweiht und dessen »volle und befreiende Zustimmung«[86] er erhalten hatte – eine vor-vorbereitende Kommission (»commissio antepraeparatoria«) ein. Sie hatte die Aufgabe, die Konzilsteilnehmer – Bischöfe und Generalobere der männlichen Orden – zu befragen, eingehende Voten zu sich-

ten und zu ordnen. Auf ausdrückliche Weisung des Papstes wurde dabei kein vorformulierter Fragebogen verschickt. Die Bischöfe sollten frei von der Leber weg Themen für das Konzil nennen. Angeschrieben wurden auch katholisch-theologische Fakultäten und katholische Universitäten.

Beim Rücklauf zeigte sich (nicht weiter überraschend) eine beachtliche Vielfalt. Drei Themengruppen stachen heraus: Bischöfe, Liturgiereform und Diakonat[87]. Die Stellung des Bischofs innerhalb der Kirche zu klären, gegenüber den Pfarrern (deren Unabsetzbarkeit vielen Bischöfen ein Dorn im Auge war) und den Orden, aber auch gegenüber dem Papst, wurde deutlich gewünscht, von einer kleinen Minderheit wurde auch eine Debatte über Kollegialität angeregt. Bei der Liturgiereform ging es vor allem um eine Durchforstung des Rubriken-Dschungels. Er machte Gottesdienste in den Augen vieler Bischöfe und Priester zu einem Hindernisparcours vor einer weitgehend passiven Gemeinde, die zwar anwesend, aber weitgehend abwesend war, d. h. passiv blieb, indem sie der Privatfrömmigkeit überlassen wurde. Auch die Einführung der Muttersprache wurde gefordert. Schließlich setzten sich etliche Stimmen für die Wiedereinführung des Diakonats ein.

Was wurde daraus abgeleitet? Die einen sahen im kommenden Konzil eine Fortsetzung und Vollendung des Tridentinums und des Ersten Vatikanums – der »lange Schatten« also des letzten Konzils. Sie wollten vor allem dogmatische Definitionen (etwa Maria als »coredemptorix«, also als »Miterlöserin« und Mittlerin aller Gnaden) und die Verurteilung von »Irrtümern« der Moderne. Zu dieser Richtung zählten vor allem Italiener, Spanier, Portugiesen, Iren, Engländer, Lateinamerikaner und Vertreter der römischen Universitäten.

Eine zweite Gruppe, die durch ihre anspruchsvolle theologische Reflexion auffiel, forderte Reformen, ein deutlicheres ökumenisches Engagement, eine ausgeprägte Theologie des Episkopats wie auch der Laien, eine Liturgiereform im Sinn der aktiven Teilnahme aller, wie sie die Liturgische Bewegung seit den 1920er-Jahren propagierte, eine Kurienreform und eine Evaluation der Methoden des Hl. Offiziums, der ehemaligen Inquisition, die später in Kongregation für die Glaubenslehre umbenannt wurde. Diese Voten kamen von einzelnen Bischöfen oder ganzen Bischofskonferenzen aus Deutschland und der Schweiz, aus den Niederlanden, Belgien, aus den Ostkirchen, aus Indonesien (wo viele europäische Missionare wirkten) und vom Abtprimas sowie zahlreichen Kongregationen der Benediktiner. – Eine dritte Gruppe ließ kein klares Profil erkennen, ihre Antworten waren disparat.

Dass Themen, die später auf dem Konzil eine herausragende Rolle spielen sollten, gänzlich unerwähnt blieben (etwa Religionsfreiheit und nichtchristliche Religionen), sticht im geschichtlichen Rückblick ins Auge. Zeitgeschichtlich interessant, immerhin waren seit Ende des Zweiten Weltkriegs noch keine zwanzig Jahre vergangen: Professoren des Päpstlichen Bibelinstituts, an dem damals fast ausschließlich Jesuiten unterrichteten, forderten die Bekämpfung des Antisemitismus.

Der große Rücklauf hätte den Apparat, die Römische Kurie und ihre Zuarbeiter, alarmieren müssen. Diese erkannte aber die Situation nicht und schätzte die Lage falsch ein.

2. Der nächste Schritt bestand in den am 5. Juni 1960 eingerichteten Vorbereitungsgremien: eine Zentralkommission, zehn Kommissionen und drei Sekretariate. Diese Einrichtungen deckten sich mit den jeweiligen Aufgabenbereichen der Kurie, deren Leiter auch zu Vorsitzenden der Kommissionen ernannt wurden. Besondere Bedeutung erlangte das neugegründete Sekretariat für die Förderung der Einheit der Christen, das dann im gesamten Konzilsgeschehen eine entscheidende Rolle spielen sollte. Es wurde vom Jesuiten Augustin Bea (1888–1968) geleitet, den der Papst sechs Monate zuvor, beim zweiten Konsistorium, zum Kardinal ernannt hatte[88]. Noch im selben Jahr erhielt Bea von Johannes XXIII. den Auftrag, ein Schreiben über das Verhältnis der Kirche zum Judentum vorzubereiten.

Die erste Gruppe umfasste sämtliche Kommissionen mit Ausnahme der Liturgiekommission und des Einheitssekretariats, die zusammen die zweite Gruppe bildeten. Ihre Arbeitsweisen unterschieden sich erheblich. In der Liturgiekommission und dem Sekretariat zur Förderung der Einheit der Christen waren bei der Erarbeitung der Entwürfe stets alle Mitglieder und Konsultoren beteiligt. Da sie ausgewiesene Experten aus der Gesamtkirche rekrutiert hatten, gaben ihre Texte gerade nicht die Thesen nur einer einzigen theologischen Schule wieder. Es kam dann auch nicht von ungefähr, dass das Schema über die Liturgie auf dem Konzil nicht nur als Erstes diskutiert und verabschiedet wurde. Es fand auch die Zustimmung der großen Mehrheit des Episkopats.

In der ersten Gruppe waren bei der Erarbeitung der Entwürfe – Schemata genannt – zunächst nur jene Mitglieder und Konsultoren beteiligt, die der Römischen Kurie angehörten oder ihr verbunden waren. Bei den Plenarsitzungen, zu denen auch die anderen Mitglieder und Konsultoren eingeladen waren, war es allenfalls möglich, Details zu ändern, nicht aber den Grundduktus. Dieser und auch das von der Kurie anvisierte Ziel des Konzils wird sichtbar an den Entwürfen der theologischen Kommission, die unter dem beherrschenden Einfluss des Hl. Offiziums stand. Es ging hier primär darum, den Stand der Lehre und des Selbstverständnisses, den die Kirche unter dem Pontifikat Pius' XII. erreicht hatte, feierlich bestätigen zu lassen. Darüber hinaus sollten einige noch offene Fragen definitiv entschieden werden. Mit anderen Worten: Die Thesen und Methoden der an den römischen kirchlichen Universitäten herrschenden Neuscholastik, dem mit der Enzyklika »Aeterni patris« (1879) Papst Leos XIII. weltweit verpflichtend vorgeschriebenen Schulsystems, sollten verbindliche kirchliche Lehre werden.

Die Protagonisten der theologischen Kommission waren überzeugt, dies alles gebe die einheitliche Meinung des Episkopats wieder und sei auch so umfassend begründet, dass die Bischöfe die Texte ohne größere Debatten approbieren würden, was höchstens zwei Wochen in Anspruch nehme. Ein Blitzkonzil also! Genau darin sollten sie sich, wie die Geschichte zeigt, irren. Genau genommen erlagen sie einer Selbsttäuschung: Sie wollten und wünschten sich, dass alles so ablaufen würde.

Weder die Bischöfe noch die allgemeine und die kirchliche Öffentlichkeit erfuhren zunächst wegen der strikten Geheimhaltung davon. Die Kurie hatte größtes Interesse, die Vorbereitungsarbeiten für das Konzil unter ihrer Kontrolle zu halten, nachdem es nicht gelungen war, es zu verhindern – eine typische Behördenreaktion.

75 Schemata auf insgesamt 2026 Druckseiten kamen über eine Vielzahl von Themen, aber ohne jeden inneren Zusammenhang in den Kommissionen zustande. Allein die theologische Kommission hatte Entwürfe von insgesamt 416 Seiten verfasst. In der Zentralkommission wurde zwar versucht, die Themen einigermaßen systematisch zu ordnen und weniger Wichtiges auszuscheiden. Aber alle diese Bemühungen scheiterten, und das Ganze drohte aus dem Ruder zu laufen. Es fehlte der berühmte rote Faden: ein Ordnungsprinzip, das dem Ganzen Gestalt und Struktur gegeben hätte.

Da die Leiter der Kurienbehörden Vorsitzende der entsprechenden Vorbereitungskommissionen waren, kam ein zweites Problem dazu: Sie kontrollierten die Auswahl der Mitglieder und Konsultoren. Damit stellten sie den Inhalt der zu verfassenden Papiere sicher. Da infolge des Konzilsgeheimnisses jede Rückmeldung der Basis ausblieb, konnte sich bei den Verfassern der Texte die Meinung festsetzen, ihre Entwürfe gäben die Meinung des Gesamtepiskopats wieder. Sie würden beim Konzil praktisch ohne jede Debatte akzeptiert und einfach durchgewunken. Inhaltlich waren diese Schemata meistens das glatte Gegenteil jener Ziele, die Johannes XXIII. gesetzt hatte. Der Papst wollte gerade keine Fest- und Fortschreibung des Status quo, sondern eine Erneuerung der Kirche im Blick auf die Fragen und Probleme der Gegenwart. Außerdem beurteilte er die Moderne keineswegs nur negativ. Er sah darin auch viel Gutes und zeigte

Wertschätzung dafür, denn er entdeckte darin Ansätze für eine zeitgemäße Verkündigung des Evangeliums.

3. Vier weitere wichtige Eckdaten sind zu erinnern: Am 25. Dezember 1961 veröffentlichte Johannes XXIII. die Apostolische Konstitution »Humanae salutis«[89]. Mit ihr wurde die Einberufung des Konzils für das Jahr 1962 festgelegt. Dessen Erfolg, gab sich der Papst überzeugt, hänge von einer umfassenden Erneuerung der Kirche (»restauratio et renovatio universalis Ecclesiae«) ab. Mit seinem *Motu proprio* »Consilium« (2. Februar 1962) bestimmte er den 11. Oktober 1962 als definitiven Beginn des Konzils. Einige Wochen vorher, am 6. August 1962, wurde die Geschäftsordnung des Konzils publik gemacht. Und exakt vier Wochen vor Konzilsbeginn, am 11. September 1962, hielt Johannes XXIII. eine Radioansprache, in der er auf das bevorstehende Konzil einstimmte[90].

Bis es so weit war, spielten sich hinter den Kulissen noch einige Dramen ab. Widerstand regte sich – an der Basis: Einige Bischöfe reichten nämlich die ihnen zugänglichen Schemata, also die römischen Textentwürfe, an Theologen weiter und baten um deren Stellungnahme. Ich will aus naheliegenden Gründen exemplarisch auf Karl Rahner und seine Gutachtertätigkeit verweisen. Kardinal Julius Döpfner hatte sich bereits im Februar 1961, noch als Bischof von Berlin, für den Innsbrucker Jesuiten in Rom eingesetzt und nach eigener Notiz sowohl bei Papst Johannes XXIII. wie auch bei Kardinal Alfredo Ottaviani (1890–1979) deponiert, es befremde Katholiken wie Nichtkatholiken in Deutschland und anderen Ländern und wirke sich »nachteilig für die Beurteilung des Konzils«[91] aus, wenn Rahner nicht in eine vorbereitende Kommission berufen werde. Dieser hatte in den 1950er-Jahren mit einigen Publikationen in Rom angeeckt. Er galt als suspekt, ja gefährlich. Döpfners Intervention führte dazu, dass Rahner von Johannes XXIII. höchstpersönlich zum Mitglied einer der Vorbereitungskommissionen ernannt wurde. Am 22. März 1961 erhielt er seine Bestellung zum Konsultor der vorbereitenden Konzilskommission für die Disziplin der Sakramente, »die sich aber«, wie Rahner später in einem Lebenslauf festhalten sollte, »faktisch meiner Dienste nie bedient hat«[92]. Eine reine Alibi-Aktion also? Zu einer Sitzung nach Rom wurde er nie eingeladen: »Man sagte mir, das sei zu umständlich, das koste zu viel Geld, das könne man in Rom auch allein machen. Also ich war nicht dort, obwohl ich als Theologe für die vorbereitende Kommission ernannt worden war.«[93]

De facto war der Innsbrucker Dogmatikprofessor lediglich an einem schriftlichen Gutachten über die Erneuerung des Diakonats beteiligt, für den er sich seit 1957 in Veröffentlichungen stark gemacht hatte. Es ging später in das Schema eines Dekrets über das Weihesakrament ein. Unmittelbar vor Konzilsbeginn erschien dann der 646 Seiten starke Band »Diaconia in Christo« (Freiburg 1962), den er zusammen mit Herbert Vorgrimler in der Reihe »Quaestiones disputatae« (als Doppelband 15/16) herausgab und der den Kardinälen Franz König und Stefan Wyszyński (1901–1981), dem Erzbischof von Gnesen und Primas von Polen, gewidmet war.

Sowohl Döpfner wie König hatten Rahner umworben, sie aufs Konzil zu begleiten, was dieser zunächst, auf seinen schlechten Ruf in Rom verweisend, ablehnte. Ganz abgesehen von der allgemeinen Skepsis gegenüber einem Konzil, die Rahner mit vielen anderen Theologen teilte. Günther Wassilowsky hat Rahners Vorbehalte ausführlich erforscht und dargestellt[94]. Obwohl Döpfner früher angefragt hatte, sagte Rahner König zu, dem er sich als in Österreich lehrender Theologe verpflichtet fühlte. Daraus wurde eine lebenslange Freundschaft.

Was hat Rahner schlussendlich veranlasst, sich dem Drängen Königs nicht zu verschließen? Seit Oktober 1961 hatte ihn der Wiener Erzbischof wiederholt gebeten, für ihn die angefertigten Unterlagen zu sichten und zu kommentieren. Dabei ging Rahner offenbar auf, welche Richtung das Konzil nehmen könnte, wenn man es denen überlassen wollte, die meinten, es als (inszeniertes) zeremonielles Blitzkonzil über die Bühne gehen lassen zu können. Aber das Zweite Vatikanum wurde, auch dank der Berater, keine »Akklamationsveranstaltung«[95]. Kardinal König sagte am Vorabend der Konzilseröffnung in einer Radioansprache, es werde mitnichten ein »Konzil der Kopfnicker«[96] geben.

Während seiner aufwendigen, von Januar bis September 1962 dauernden Gutachtertätigkeit für König fing Rahner Feuer. Seine Konzilsgutachten bezogen sich auf Texte, die in der Zentralen Vorbereitungskommission diskutiert werden sollten, für welche Kardinal König immer wieder nach Rom reiste. Einen Teil dieser Gutachten hat Herbert Vorgrimler später veröffentlicht und kommentiert, jetzt sind sie in der Edition der »Sämtlichen Werke« Karl Rahners (in Band 21 von 2013) leicht zugänglich. Wer sie liest, muss bedenken, dass sie ursprünglich vertraulich für den Wiener

Erzbischof bestimmt waren, was erklärt, dass sie oft sehr direkt und ungeschützt formuliert sind. Allein die erste, mit 4. Januar 1962 datierte Stellungnahme umfasste 36 maschinengeschriebene Seiten. Rahner nahm darin kein Blatt vor den Mund. Einmal schreibt er, »dass beide Schematagruppen mir an einer gewissen Breite und Geschwätzigkeit zu kranken scheinen, die der Würde eines Konzils nicht ganz zu entsprechen scheinen« (März 1962); oder er stellt fest: »Das Ganze macht den Eindruck einer müden, grauen römischen Schultheologie, die gar nicht imstande ist zu merken, wie wenig sie es vermag, so zu sprechen, dass sie von einem Menschen von heute verstanden wird« (September 1962). Zum Offenbarungsschema heißt es an derselben Stelle überdeutlich: »Eine solche Wald- und Wiesenphilosophie darf ein Konzil nicht vortragen.«

Es gab schon auch Textentwürfe, die Rahner positiv würdigen konnte. Aber insgesamt sind seine Stellungnahmen vernichtend. Es wird aber auch deutlich, dass hier ein Theologe urteilte, der um die Nöte seiner Zeit wusste und um die Chancen, die jetzt verpasst werden könnten.

Seine Gutachten lassen nach Herbert Vorgrimler »den Seelsorger, Missionar und auch Ökumeniker Rahner überaus gut erkennen«[97]. An Deutlichkeit ließ Rahner, wie gesagt, nichts fehlen. Inhalt seiner »Sorge«: »sie sind alle Ergebnisse einer dürftigen Schultheologie: richtig, ausgewiesen mit genügend vielen Zitaten aus päpstlichen Erklärungen der letzten Jahrhunderte, die vermutlich von denselben Männern verfasst waren, aber bar jedes Charismas einer hellen, siegreichen, Geist und Herz der Menschen von heute gewinnenden Verkündigung. Die Verfasser wer-

den das gar nicht merken. Sie werden es nicht merken können. Wie sollten sie dies auch können? Sie sind meilenweit
entfernt von der wirklichen Not der Geister von heute; sie
haben bestimmt noch nie versucht, einen gebildeten mittel-
europäischen Menschen von heute, der als Neuheide aufge-
wachsen ist, für die Wahrheit des Christentums zu gewinnen; sie haben sicher noch nie die Not des ›bekümmerten‹
Atheisten und Nichtchristen und Nichtkatholiken gelitten,
der glauben will und meint, nicht glauben zu können. Sie
wiederholen die – ganz gewiss richtigen – Formeln, die sie
von Kind auf gewöhnt sind, und verwechseln einen guten
Teil der Gewohnheit mit – Evidenz. (…) Nein, diese Schemata tun nicht alles, was man tun kann. Sie sind die Elaborate der gemächlich Selbstsicheren, die ihre Selbstsicher-
heit mit der Festigkeit des Glaubens verwechseln; es sind
die Elaborate der Professoren, die sich weigern, die Glau-
bensnot der Menschen von heute zu teilen; (…) die Elaborate von guten, braven, anständigen, frommen Professoren
(Eminenz, Sie kennen sie von Rom her): bieder, fromm, für
sich persönlich bescheiden, selbstlos, aber einfach der Situation von heute nicht gewachsen, von einer Mentalität, die
meint, Gott einen Dienst zu erweisen, wenn sie diese innere
Unbedrohtheit und diesen Geist des Ghettos als die wahre
Klarheit des katholischen Glaubens verteidigt.«[98]

Man braucht nicht viel Fantasie, um sich vorzustellen,
welchen Eklat es gegeben hätte, wären diese Stellungnahmen öffentlich geworden. Kardinal König hat sie allerdings
auch anderen Bischöfen zugänglich gemacht. Ausschlag-
gebendes Motiv Rahners für die so intensive Auseinandersetzung mit den römischen Vorlagen war nach Vorgrimler:

»Das Menschenmögliche tun, um Schlimmeres zu verhindern! Mehr wagte man an sich angesichts der Erfahrungen mit den harten römischen Autoritäten nicht zu hoffen.«[99] Rahners Schüler und späterer Nachfolger auf dem Lehrstuhl in Münster (Westfalen) vermutet außerdem, dass Rahner die Erfahrung machte, dass Kardinal König und mit ihm mit der Zeit auch andere Bischöfe »die Zivilcourage hatten, als einzelne gegen die vorbereiteten Texte Stellung zu nehmen. (…) Die Bischöfe fanden aus ihrer individuellen Isolierung heraus; sie entdeckten ihre Möglichkeiten, als Bischofskonferenzen oder als informelle Gruppe tätig zu werden, nicht nur einzelne Theologenberater, sondern ganze Beratergruppen beizuziehen und so ›Rom‹ gegenüber mit ungleich größerer Kraft aufzutreten.«[100] Rahner erlebte, dass seine Arbeit nicht vergeblich war.

Und er stand mit seinen scharfen Einschätzungen keineswegs allein da. Auch ein Joseph Ratzinger ließ – selbst noch am Abend vor der Konzilseröffnung im Priesterkolleg der *Anima* – kein gutes Haar an den Schemata und ging mit ihnen »stark ins Gericht«[101], wie der Bischof von St. Pölten und Konzilsteilnehmer Franz Žak (1917–2004) als Ohrenzeuge zu berichten wusste.

Ein Wort zu seiner Arbeitsweise: Rahner gibt Einschätzungen, die er durch die eigene Arbeit an den Texten und durch die Zusammenarbeit mit Kollegen gewonnen hat. Er bemerkte, dass diese zu tiefgreifenderen Eingriffen bereit waren als er selbst. Langsam, aber stetig brach sich bei ihm die Überzeugung Bahn, dass kleinere Verbesserungen an den Texten nicht mehr ausreichen, sondern dass es zu radikaleren Texteingriffen kommen muss[102]. Am Ende dieses

Prozesses stand die Einsicht, dass Alternativtexte angeboten werden sollten. Die Qualität der (späteren) Konzilstexte, so seine Überzeugung, hing maßgeblich von der Qualität der Vorbereitungsarbeit ab. Diese Ansicht bestimmte dann später auch die Arbeitsweise während des Konzils, wenn sich einzelne Theologen, Theologengruppen oder gemischte Gruppen von Theologen und Bischöfen trafen, um in eingehendem Textstudium zum bestmöglichen Ergebnis zu gelangen.

All diese Hintergründe belegen, dass es schon in der Vorbereitungszeit des Konzils zu einem Emanzipationsprozess gekommen ist: unter Bischöfen ebenso wie unter Theologen. Sie begannen sich gegen eine kuriale Steuerung und Fremdbestimmung zur Wehr zu setzen – was sich während des Konzils fortsetzen sollte.

Dass Karl Rahner dann aufgrund seiner Rede »Löscht den Geist nicht aus« am 1. Juni 1962 auf dem Österreichischen Katholikentag in Salzburg, für die ihn Kardinal König angeworben hatte, unter eine ordensinterne Vorzensur gestellt wurde, die allerdings vom Hl. Offizium ausging und nicht von der Gesellschaft Jesu, wie es zunächst schien, ist fast ein »Treppenwitz der Geschichte«. Der Schuss ging ohnehin nach hinten los, denn eine beispiellose Solidaritätsaktion für Rahner setzte ein. An der von der »Paulus-Gesellschaft«[103] organisierten Unterschriftenaktion beteiligte sich neben mehreren Kardinälen sogar der deutsche Bundeskanzler Konrad Adenauer, alarmiert durch seinen Bonner Freund und Arzt Paul Martini. Ihm widmete Rahner, zusammen mit Hans Schaefer (Heidelberg) und Erich Kellner (Frauenchiemsee) sowie »allen Freunden der Pau-

lus-Gesellschaft«, Band 5 seiner »Schriften zur Theologie«:
»Bei ihnen«, schiebt Rahner im mit Oktober 1962 datierten
Vorwort nach, »habe ich in diesem Jahr wieder erfahren:
ein treuer Freund ist eine feste Burg (Sir 6,4).«[104]

Die Intrige, die Rahner extrem belastet hat, ist in gewisser Weise typisch für die damalige Stimmung gewesen. Der
Auslöser, die Salzburger Rede, war ein an den Haaren her-
beigezogener, willkommener Anlass, »disqualifiziert und
in gewisser Weise ausgeschaltet (zu) werden«[105]. Rahner
schrieb am 8. Juni 1961 an König, er fühle sich »verurteilt,
ohne angeklagt und geprüft worden zu sein«, er könne das
alles »stillschweigend schlucken«, spüre aber auch: »In einer solchen Situation kann ich nicht arbeiten. Es fällt mir
nichts mehr ein. Ich bin gelähmt, ich kann nicht denken,
wenn mir ein Zensor gewissermaßen dauernd ins Konzept schaut.«[106] König wurde schlagartig klar, dass ihm sein
wichtigster Berater abhandenkommen könnte. Er intervenierte, ebenso wie die Kardinäle Julius Döpfner und Joseph
Frings sowie der Freiburger Erzbischof Hermann Schäufe-
le, der Protektor des von Karl Rahner mit herausgegebenen
»Lexikons für Theologie und Kirche«, direkt bei Johannes
XXIII. Dieser distanzierte sich kurz vor Konzilsbeginn von
dem nicht ohne Weiteres durchsichtigen Manöver, das Kardinal Ottaviani angezettelt hatte.

Bedauerlicherweise war Karl Rahner kein Einzelfall.
Auch andere Theologen hatten unter harten Restriktionen
zu leiden. Zu den prominentesten zählten Henri de Lubac
SJ (1896–1991) und Yves Congar OP (1904–1995), die beide 1983 und 1994 (als späte, typisch päpstliche Rehabilitie-
rungsmaßnahme) zu Kardinälen ernannt wurden. Doch

zeigt sich gerade an dem Innsbrucker Jesuiten sehr deutlich, welchen Verlust es bedeutet hätte, wenn Theologen seines Kalibers vom Konzil ferngehalten worden wären.

Bei Konzilsbeginn war es noch völlig offen, auf welcher Seite die Konzilsmehrheit stehen und wer mit seinen Erwartungen und Hoffnungen recht behalten würde. Viele Bischöfe kamen verunsichert in Rom an. Sie hatten sich daran gewöhnt, immer nur Weisungen entgegenzunehmen, sozusagen als Filialleiter einer römischen Konzernzentrale. Außerdem waren bei weitem nicht alle von ihnen theologisch auf der Höhe der Zeit, hatten also einen erheblichen Bedarf an Fort- und Weiterbildung.

Wenn man sich vergegenwärtigt, dass die Mehrzahl der über zweieinhalbtausend auf dem Zweiten Vatikanum versammelten Bischöfe jenseits der 60 waren, ihre Studienzeit also im Schnitt drei bis vier Jahrzehnte zurücklag, wird deutlich, wie wichtig es war, auf das Mitdenken von Theologen zurückgreifen zu können und von diesen in schwierigen Fragen theologisch à jour gebracht zu werden. Auf einer (heute oft vergessenen) Brücke konnten die beiden Gruppen damals leicht zueinander finden: Die bis zum Konzil vorherrschende neuscholastische Schultheologie bot – das wird wegen der Kritik an ihr oft verdrängt – eine nicht zu unterschätzende Kommunikationsvoraussetzung für das Zusammenspiel zwischen Bischöfen und Theologen. Mit seinem perfekten Latein zum Beispiel konnte ein Karl Rahner sogar Kardinal Ottaviani beeindrucken! Andererseits ist zu berücksichtigen: Gerade weil »die Mehrheit der Konzilsväter zur Zeit ihrer Studien direkt oder indirekt in die ›römische‹ Lehrtradition eingeführt worden waren, wird noch einmal die Rolle der Theologen im Konzilsverlauf deutlich. Nicht wenige Bischöfe mussten sich erst sagen und zeigen lassen, wie denn ein theologisch und pastoral verantwortbares ›Aggiornamento‹ der kirchlichen Lehrverkündigung aussehen könnte.«[107] Das von Karl Rahner zusammen mit Herbert Vorgrimler veröffentlichte »Kleine theologische Wörterbuch« (1961) diente dabei nicht wenigen Konzilsvätern als solide Erstinformation, ja als eine Art Nachhilfe- bzw. Crashkurs. Sie konsultierten es eifrig, um ihr theologisches Grundwissen aufzufrischen.[108]

Die Stimmung unter den Bischöfen reichte, ebenso wie die der Theologen, von Verhaltenheit oder abwartender Zurückhaltung bis zu utopisch aufgeladener Euphorie, um die beiden Extreme zu nennen. Die Gefahr, dass das Konzil reibungslos »abgewickelt« werden könnte, bestand nach wie vor. Doch die letzten Wochen vor dem 11. Oktober 1962 zeigten immer deutlicher, dass viele Bischöfe bereit waren, ihre Verantwortung wahrzunehmen, sich einzubringen, mitzureden und nicht einfach alles über sich ergehen zu lassen. Wem immer noch ein »concilio lampo« vor Augen schwebte, verkannte die Realität. Je näher das Konzil rückte, umso deutlicher wurde: Das Zweite Vatikanische Konzil ist eine ungeheure Chance. Es galt, sie zu nutzen.

5.

... oder »ein Sprung nach vorn«?

Bis zum Beginn des Konzils lag kein wirklicher, jedenfalls kein erkennbarer Plan vor, dem interessierte Beobachter hätten entnehmen können, wie es tatsächlich ablaufen würde. Welche Schwerpunkte würden gesetzt? Welche Richtung könnte es einschlagen? Waren beim Ersten Vatikanum ungefähr 800 Bischöfe zusammengekommen, gab es jetzt an die 2750 stimmberechtigte Konzilsteilnehmer. Zusammen mit den Beratern und dem Begleitpersonal kam man auf etwa 10.000 Personen, für die in Rom Quartier gesucht werden musste. Das allein schon war eine logistische Herausforderung. Zusammen mit Geschäftsordnungsfragen (Abstimmungsmodi, Redezeit, Interventionsmöglichkeiten usw.) überlagerten solche Probleme die inhaltliche Ebene[109]. Zwar gab der Papst bei verschiedenen Anlässen diverse Stellungnahmen ab, aber diese Bemerkungen waren zumeist »homiletischer und pastoraler Natur«[110]. Als Historiker war er sich des historischen Momentums dieses neuartigen Konzils allerdings unmissverständlich bewusst.

In seiner punktgenau einen Monat vor der Konzilseröffnung, also am 11. September 1962, gehaltenen langen Radioansprache ist das mit Händen zu greifen. Eine Art Präludium dazu stellte eine Ansprache an 350 Jungarchitekten aus mehreren europäischen Ländern am 2. September 1962 dar, die er nutzte, »um aus der Defensive herauszutreten und seine theologischen und pastoralen Leitlinien auch in gewissem Gegensatz zur Denkweise der römisch-kurialen Tradition klarzulegen«[111]. Die Radiobotschaft, die während seiner vom 10. bis zum 15. September im *Torre San Giovanni* dauernden Exerzitien ausgestrahlt wurde, mit denen er sich auf das kommende Ereignis persönlich vorbereiten wollte, trägt seine ureigene Handschrift. Mit den Vorbereitungsarbeiten zum Konzil gibt er sich dabei zufrieden. Und betont, dass die »Fülle an Themen für Lehre und Seelsorge« lediglich als »Anregungen«[112] für die Konzilsväter, wie die Bischöfe genannt wurden, zu verstehen seien, aber keineswegs als eine bindende Vorgabe. Oft »Pfarrer der Welt« genannt, kommt in etlichen Passagen sein pastorales Hirtenverständnis zum Ausdruck. Manche Gedanken waren offenbar von einem Konzilsplan des belgischen Primas und Erzbischofs von Mecheln-Brüssel, Kardinal León-Joseph Suenens (1904–1996), inspiriert, den er im Juli in seiner Sommerresidenz in Castel Gandolfo empfangen hatte. Ins Auge sticht ein Ausdruck, der im gegenwärtigen Pontifikat von Papst Franziskus eine hohe Bedeutung hat: »Kirche der Armen«. Johannes XXIII. sieht die Kirche »als das, was sie ist und sein will, die Kirche aller, vornehmlich die Kirche der Armen (*la chiesa dei poveri*)«[113].

Klaus Wittstadt analysiert die Botschaft des Papstes so: »Er beschäftigte sich wochenlang mit dem Redemanuskript, setzte bewusst und gezielt völlig andere Akzente als in den Schemata der Vorbereitungskommissionen. Die Radiobotschaft stellt einen Kontrapunkt dar zur theologischen und dogmatischen Starrheit der Texte, die in der Tradition römisch-kurialer Sprache entstanden waren. Ohne sich direkt gegen die Schemata zu wenden, reagiert Johannes XXIII. auf sie, indem er eine andere Perspektive für das Konzil eröffnet.«[114] Der Papst wusste also, dass sein Apparat in den alten und gewohnten Denkmustern arbeitete. Ich erkläre mir das so, dass er seine Mitarbeiter nicht brüskieren, sondern irgendwie für seine Zwecke gewinnen wollte. Hätte er sich von den Methoden und Inhalten deutlich abgesetzt, wäre eine Front entstanden, gegen die er machtlos gewesen wäre.

Wie schon gesagt, war »die Feder Tromps« in so gut wie »allen dogmatischen Vorlagen« zu erkennen. »Damals«, so Mario von Galli, »sagte er: ›Diesmal noch halten wir das Heft in der Hand‹, andeutend, dass er wohl wisse, was kommen werde.«[115] Die römischen Theologen rochen im Grunde den Braten, der Papst aber auch. Er setzte auf Zeit, weil er wusste, dass die bisherige Monopolstellung der Kurie an ihr Ende gelangt war.

Auf Zeit setzten freilich auch seine Kritiker. Einige Wochen nach Konzilsbeginn würde Johannes XXIII. sein 82. Lebensjahr vollenden. Was nur seinem allerengsten Umfeld bekannt war: Seit dem Spätsommer 1962 – die Ergebnisse ärztlicher Untersuchungen standen am 23. September fest, wurden aber nie veröffentlicht[116] – lebte er mit der Diagnose Magenkrebs. Er wusste, dass er ihn nicht überleben würde. Zum einen gab ihm das eine innere Freiheit. Zum anderen wusste er: Meine Tage sind gezählt, viel Zeit bleibt mir nicht mehr. Schon im August hatte er an einem im September 1962 veröffentlichten *Motu proprio* gearbeitet, das sich mit der Sedisvakanz befasste. »Trotz der Anzeichen seines beginnenden Leidens und seines Todes«, so eine Beobachtung, »arbeitete der Papst konsequent auf das Konzil hin. Er konzipierte seine Radiobotschaft und dachte nach über die Konzilseröffnungsrede, die die wichtigste Rede seines Lebens sein würde, d. h. ohne Rücksicht auf seine Gesundheit absolvierte er sein Programm weiter.«[117]

Das Konzil sollte freilich – auch daran ist zu erinnern – nicht im weltpolitischen Vakuum stattfinden. Wie nie zuvor seit Ende des Zweiten Weltkriegs stand die Welt in diesen Wochen am Rande eines Atomkriegs. Ein Weltkrieg war über Nacht reale Möglichkeit geworden. Der Diplomat Roncalli nahm die geopolitische Lage sensibel wahr. Parallel zum Wetterleuchten des Endes des kolonialen Zeitalters steigerten sich die beiden Supermächte USA und Sowjetunion seit Jahren in einen Kalten Krieg hinein.

Den Koreakrieg (Juni 1950 bis Juli 1953) hatte er noch von Paris und Venedig aus mitverfolgt. Über drei Millionen Menschen kehrten zwischen 1948 und 1961 der DDR den Rücken. Die Berlin-Blockade 1948/49 hatte zu einer geteilten Stadt geführt. Im August 1961 wurde aus Stacheldraht Beton: Die Propaganda bezeichnete den Mauerbau als »antifaschistischen Schutzwall«. Unmittelbar während der letzten Konzilsvorbereitungen legte das sowjetische Frachtschiff »Omsk« am 8. September 1962 mit einer Ladung von SS-4-Mittelstreckenraketen in Havanna an, brachte die Fracht aber nicht an Land. Am 15. September gelangen den Amerikanern Aufklärungsfotos von dem mit Militärgütern beladenen Frachtschiff »Poltava«, das sich auf dem Weg nach Kuba befand. Regierungs- und Parteichef Nikita S. Chruschtschow reizte alle Drohmöglichkeiten aus. Die von Präsident John F. Kennedy vier Tage nach der Eröffnung des Konzils am 14. Oktober verhängte totale Seeblockade – filmisch imposant nacherzählt in dem Hollywood-Epos »Thirtheen days« (2000) – war der verzweifelte, letztlich erfolgreiche Versuch eines visionären Politikers und seiner Berater, ihre »Gewehr bei Fuß« stehenden Militärs von einem atomaren Erstschlag abzuhalten, die sich durch die Langstreckenraketen auf Kuba bedroht fühlten.

Diese Krise hielt die Welt im September und Oktober in Atem. An der Geheimdiplomatie hinter den Kulissen war auch Johannes XXIII. beteiligt. Seine vielfältigen Bemühungen sollten Monate später in einer Enzyklika gipfeln, die zu seinem Vermächtnis wurde. Am 25. Oktober 1962 hielt der Papst in *Radio Vatikan* auf Französisch (damals Diplomatensprache) eine Rede, in der er zu »Frieden und Geschwisterlichkeit unter den Menschen« aufrief, ohne Kennedy und Chruschtschow namentlich zu erwähnen[118]. Die *Prawda*, die offizielle Zeitung der Kommunistischen Partei, berichtete darüber! Drei Tage später wurden die russischen Raketen auf Kuba abgebaut. Die USA beendeten daraufhin ihre Schiffsblockade.

Am 7. März 1963 gewährte Johannes XXIII. im Anschluss an einen Presseempfang anlässlich der Zuerkennung des Internationalen Balzan-Friedenspreises Alexej Adschubej, dem Chefredakteur der Regierungszeitung *Izvestija* und Schwiegersohn von Chruschtschow (für den er außenpolitische Sonderaufträge erfüllte), und seiner Frau Rada eine Privataudienz. Innerhalb wie außerhalb der katholischen

Kirche löste diese Begegnung heftige Reaktionen aus. Im Westen wurde über eine politische Aufweichung gegenüber dem Kommunismus spekuliert. Im Vatikan wurde die »pastorale Kontaktfreudigkeit« des sichtbar todkranken Papstes mit Argwohn betrachtet. Bei dieser Gelegenheit setzte er sich bei Adschubej für Jossyf Slipyj (1892–1984) ein, den Erzbischof von Lemberg (Lwiw) und Großerzbischof der ukrainisch-griechisch-katholischen Kirche, den er 1960 »in petto«, also geheim, zum Kardinal ernannt hatte. Dieser hatte seine Ausbildung im internationalen Theologenkonvikt Canisianum in Innsbruck absolviert. 1945 wurde er in ein sibirisches Straflager deportiert. Slipyj kam frei – und reiste in den Vatikan. In dem Hollywoodfilm »In den Schuhen des Fischers« (USA 1968) mit Anthony Quinn, Laurence Olivier und Oskar Werner in den Hauptrollen, einer filmischen Umsetzung des gleichnamigen Romans des australischen Autors Morris L. West, ist die Begegnung mit dem Papst nachgestellt[119].

Am 13. April 1963 (ein Gründonnerstag) überraschte Johannes XXIII. die Weltöffentlichkeit mit der Friedensenzyklika »Pacem in terris«. Keine zwei Wochen später, am 22. April, erschien in einer Moskauer Zeitschrift eine Zusammenfassung. Chruschtschow selber äußerte sich in einem Interview mit der Mailänder Zeitung *Il Giorno* sehr positiv über das Papstschreiben. Der Papst war davon überzeugt, dass die weltpolitische Lage dazu zwinge, die jahrhundertealte Lehre vom »gerechten Krieg« aufzugeben. Sechzig Jahre später, angesichts der Invasion russischer Truppen in der Ukraine Ende Februar 2022, musste die Frage gestellt werden, ob diese Vision nicht zu optimistisch war – wenn eine hochgerüstete Supermacht einen kleineren Staat mitten in Europa »schlucken will« und neben militärischen Zielen ungeniert zivile Objekte bombardiert und schlimmste Kriegsverbrechen begeht.

Der 11. Oktober 1962 – ich hatte eine Woche zuvor das Licht der Welt erblickt – ging trotzdem in die Kirchen- und Weltgeschichte ein. Es war, nach der Krönung Elizabeths II. in der Westminster Abbey (2. Juni 1953), ein Mega-Medienereignis, wie es die Welt noch nicht gesehen hatte. Die Zeremonie dauerte mehrere Stunden und wurde weltweit über Radio und Fernsehen mitverfolgt. Der schier endlos scheinende Zug von Bischöfen aller Riten mit Mitra oder einer anderen entsprechenden Kopfbedeckung prägte sich ein! Er zierte auch das Titelbild des ersten Bild- und Textberichts von Mario von Galli und Bernhard Moosbrugger.

Papst Johannes XXIII. war sich der Macht der Bilder bewusst: Er weigerte sich, die dreifache Papstkrone zu tragen und begnügte sich mit einer einfachen Mitra wie alle anderen Bischöfe. Das wurde »allgemein als Zeichen interpretiert, dass er seine päpstliche Autorität gegenüber dem Konzil nicht überstrapazieren wollte«[120]. Diese Geste (Mitra statt Tiara) wurde »sogleich verstanden«: »Er wollte als Bischof von Rom und ›Kollege‹ der Brüder im Bischofsamt das Konzil eröffnen.«[121] Aus rein pragmatischen Gründen – um von möglichst vielen Menschen gesehen zu werden – ließ er sich in der Sedia gestatoria, dem päpstlichen Tragethron, über den Petersplatz führen. Eine zweite Symbolhandlung: »Im Portalbereich des Petersdomes stieg er vom hohen Stuhl herab und bewältigte den langen Weg nach vorne zu Fuß, wie alle anderen Konzilsväter auch.«[122]

Der Ritus für eine Konzilseröffnung steht seit dem Konzil von Vienne (1312) fest: Auf den Heilig-Geist-Hymnus folgt eine Eucharistiefeier nach der Liturgie des Pfingstfestes, die vom Dekan des Kardinalskollegiums, Eugène Tisserant (1884–1972), zelebriert wurde. Es folgten die Inthronisation des Evangeliars auf dem vor dem Präsidententisch errichteten Konzilsaltar, die Ablegung des Glaubensbekenntnisses und der Gesang des Evangeliums auf Latein, Griechisch, Altslawisch und (neu) auf Arabisch.

Allerdings wurde auch Kritik an der Feier laut. Vom Papst selbst: »Er nannte sie nachher in privaten Gesprächen ›barock und der Gegenwart wenig entsprechend‹. Das bezog sich vor allem auf die Palmwedel, den Baldachin und den Tragsessel mit allen seinen Schnörkeln und Verzierungen.«[123] Kritik übte auch Hans Küng, der an meinem Geburtstag mit dem Auto nach Rom aufgebrochen und am 6. Oktober in der Ewigen Stadt eingelangt war. In seinen Memoiren berichtet er nicht nur von der Stimmung unter Theologen am Vortag der Konzilseröffnung in der Deutschen Botschaft (»ungewiss bis schlecht«): »Ist durch die manipulative Vorbereitung des Konzils und seiner Dekrete nicht schon alles abgemacht und ausgemacht? Angeblich sichere Geleise für die Diskussionen, wie von der Kurie suggeriert … Das Gespenst der erfolglosen römischen Diözesansynode geht um. Man spricht von einem ›Concilio lampo‹: einem zeremoniellen ›Blitzkonzil‹ ohne ernsthafte Diskussionen; Generalsekretär Felici redet von zwei Monaten.«[124] Die Eröffnungszeremonie wirkte auf den Schweizer Theologen – der 11. Oktober 1962 war der achte Jahrestag seiner Primiz – »zwiespältig«: »Ein großartigeres Szenario für eine Konzilsversammlung ist kaum denkbar. (…) Welch ungewöhnliches sakrales Schauspiel, auch für 86 Sonderdelegationen der Regierungen und für die 700 angereisten Journalisten, von denen viele seit Johannes XXIII. und der Konzilsankündigung eine neue Sympathie für die Kirche empfinden.«[125] »Allerdings« – Küng hatte von 1948 bis 1955 in Rom Theologie studiert – »sehen nun die Millionen von ganz nahe neben viel Ergreifendem auch viel Störendes. Und wie ich fühlen sich viele Mitchristen wie Nichtchristen abgestoßen vom völlig unzeitgemäßen *barocken Prunk* dieser Zeremonie. So viel verblichene Pracht, so viel hohles religiöses Pathos – in Latein ohnehin unverständlich für fast alle. (…) Das Entscheidende aber (…) fehlt: die wirkliche Mitfeier von Papst und Bischöfen, die nur ›assistieren‹ statt ›konzelebrieren‹. Ein ›trockenes‹ Pontifikalamt – völlig unbegreiflich – ohne Kommunionspendung. Alle Bischöfe hatten vorher ihre Privatmesse zu feiern, und Laien sind nicht zugelassen. (…) Der Akt der Konzilseröffnung selbst ist nicht etwa sinnvoll eingebaut in die Eucharistiefeier, sondern folgt als Anhängsel.«[126]

Den Papst nimmt Küng ausdrücklich von seiner Kritik aus: »Einen Lichtpunkt gibt es indes in dieser fast siebenstündigen Zeremonie: Papst Johannes XXIII. Ihn macht niemand für den überholten Rahmen verantwortlich. (…) Diesem demütig-bescheidenen Hirten der Kirche ist das ganze Brimborium zutiefst gleichgültig.« Und auch Küng interpretiert seinen Gang durch das Hauptschiff der Basilika durch das Spalier der Bischöfe als »Akt des Respektes«[127] – vor dem Hintergrund des autokratischen Umgangs Pius' IX. mit Bischöfen auf dem Ersten Vatikanum ein wichtiges

Zeichen. Die Tatsache, dass Johannes XXIII. »zu Fuß auf Augenhöhe mit den rechts und links auf den Tribünen sitzenden Kollegen im Bischofsamt, die das gesamte pilgernde Gottesvolk repräsentieren, den Weg bis zum Apostelgrab zu Ende (ging)« – für den greisen Pontifex eine lange Strecke –, kann man auf der Ebene der Inszenierung nicht hoch genug einschätzen, wie Günther Wassilowsky, ein Kenner päpstlicher Inszenierungsrituale, zu werten weiß: »Der Papst gestaltet diesen Akt kirchlicher Kollegialität am Beginn des Konzils spontan, aber bewusst (und entgegen der Planung der Zeremonienmeister) symbolisch. Das heißt: Selbst diese Art *zeremonienkritischer* Ikonoklasmus bedarf – um den ›Geist‹ des Konzils wirklich zu prägen – wiederum einer zeremoniellen Inszenierung.«[128]

In die (Kirchen-)Geschichte eingegangen ist die Ansprache des Papstes. Sie ließe sich in einer Liste bedeutender Reden des 20. Jahrhunderts leicht einreihen neben Winston Churchill, Martin Luther King, Willy Brandt oder Nelson Mandela, um nur einige große Persönlichkeiten zu nennen. Sie verdient ohne Zweifel das Prädikat »historisch«. Ihr Titel: »Gaudet Mater Ecclesia« – »Heute freut sich die Kirche, unsere Mutter!«

Helmut Krätzl (*1931), der sich als Konzilsstenograph zur Verfügung stellte (für die in römischen Priesterkollegien geworben wurde[129]), bekennt im Rückblick: »Ich erlebte eine ungeheure Begeisterung und die unglaubliche Ausstrahlung von Johannes XXIII. Im Trubel der Ereignisse erfasste ich den tiefen Inhalt der Eröffnungsrede damals noch nicht ganz.«[130] Erst später erkannte er: »Sie ist wie eine Ouvertüre für das große bevorstehende Geschehen und zugleich trägt sie autobiographische Züge. Der Papst hat später wiederholt betont, dass in dieser Rede jedes Wort von ihm selbst geschrieben war.«[131] Der Augenzeuge erinnert sich lebhaft: »Vor allem hat mich ein Bild aus der Eröffnungsrede (…) beeindruckt, wo der Papst der Kirche wünscht, nicht nur Altes hervorzuholen, sondern ›einen Sprung nach vorn‹ zu machen, ›un balzo innanzi‹, wie es auf Italienisch hieß. Freilich hörte ich in St. Peter nur die von kurialen Latinisten verfasste Übersetzung, die dieses kraftvolle Bild blass erscheinen ließ: Statt ›Sprung vorwärts‹ musste der Papst ›novo studio‹ lesen. Aber der italienische Ausdruck wollte mehr sagen und stammte ja direkt vom Papst. Wenn Johannes XXIII. später aus seiner Rede zitierte, verwendete er immer die italienische Fassung.«[132]

Zu dieser persönlichen Reminiszenz kommt noch ein Hinweis auf sein viel beachtetes Buch: »Der ›Sprung vorwärts‹ sollte für mich schicksalshaft werden, denn 1998 schrieb ich das Buch ›Im Sprung gehemmt‹. Dadurch wurde ich im deutschen Sprachraum weithin bekannt. Es trug mir aber 2003 auch eine Vorladung nach Rom ein, wo man mich wegen meiner darin enthaltenen Kritik rügte.«[133] Er wurde mit einem Dossier von 53 Seiten (!) Umfang konfrontiert, das sechs Expertisen theologischer Gutachter und vier Stellungnahmen der Glaubenskongregation enthielt[134]! Ratzinger schlug ihm am Ende des Gesprächs vor: »Schreiben Sie jetzt etwas anderes!«[135]

Krätzls Erinnerungen treffen den Kern: Was der Papst am 11. Oktober 1962 (sagen) wollte und was die Kurie daraus machte, waren – nicht nur bei dieser Rede (und nicht nur einmal) – zwei verschiedene Dinge. Es dauerte fast dreißig

Jahre, bis 1990, als man es schwarz auf weiß vor Augen hatte: Die beiden Schweizer Jesuiten Ludwig Kaufmann und Nikolaus Klein analysierten in ihrem Buch über den Konzilspapst ausführlich die Eröffnungsrede. Es enthält die erste vollständige (von Klein erstellte) deutsche Übersetzung der Ansprache vom 11. Oktober 1962 nach ihrem italienischen Original mit kritischen Vergleichen zur offiziellen lateinischen Ausgabe. Kaufmann weist minutiös nach, wo die italienische Originalfassung purgiert wurde. Dass der Papst selbst immer wieder betonte, dass die italienische Fassung »vom ersten bis zum letzten Wort« von ihm stammt und er sich immer auf seine Originalfassung und nicht auf die lateinische bezog, sagt eigentlich schon alles.

Ich greife zur Veranschaulichung nur zwei markante Stellen heraus[136].

1. »Wir vertrauen unerschütterlich darauf, dass die Kirche durch dieses Konzil inspiriert an geistlichem Reichtum wachsen und so mit neuer Kraft gestärkt mutig in die Zukunft blicken wird. Es ist unsere feste Zuversicht: Durch ein angemessenes Aggiornamento und durch kluge Organisation der gegenseitigen Zusammenarbeit wird die Kirche erreichen, dass die einzelnen Menschen, die Familien und die Völker mit größerer Aufmerksamkeit die himmlischen Dinge betrachten.«[137] Die italienische Fassung schreibt »con opportuni aggiornamenti e con la saggia organizzazione di mutua collaborazione«, die lateinische (viel blasser): »opportunis inductis emendationibus ac mutua auxiliatrice opera sapienter instituta«. Das Schlüsselwort »Aggiornamento«, das er schon als Patriarch von Venedig verwendete, fällt in der offiziellen (verlesenen) Fassung unter den Tisch.

Es stammt nach Kaufmann »aus der Sprache der Buchhalter (…): Die Bücher müssen *à jour* gebracht werden, und die Kirche muss auf die Höhe der Zeit kommen«[138]. Kaufmann zu seiner Bedeutung: »Roncalli in seiner pastoralen Verantwortung hatte keine Angst vor dem Neuen, sondern schaute frei von Nostalgie in die Zukunft.«[139]

2. Eine der meistzierten Stellen wurde ebenfalls verstümmelt: »Der springende Punkt für dieses Konzil ist es also nicht, den einen oder anderen der grundlegenden Glaubensartikel zu diskutieren, wobei die Lehrmeinungen der Kirchenväter, der klassischen und zeitgenössischen Theologen ausführlich dargelegt würden. Es wird vorausgesetzt, dass all dies hier wohl bekannt und vertraut ist. Dafür braucht es kein Konzil. Aber von einer wiedergewonnenen, nüchternen und gelassenen Zustimmung zur umfassenden Lehrtradition der Kirche, wie sie in der Gesamttendenz und in ihren Akzentsetzungen in den Akten des Trienter Konzils und auch des Ersten Vatikanums erkennbar ist, erwarten jene, die sich auf der ganzen Welt zum christlichen, katholischen und apostolischen Glauben bekennen, einen Sprung nach vorwärts, der einem vertieften Glaubensverständnis und der Gewissensbildung zugute kommt.«[140] Aus dem »springenden Punkt« – italienisch: »Il *punctum saliens*« – wurde in der lateinischen Fassung »Neque opus nostrum«. Der berühmte »Sprung nach vorwärts, der einem vertieften Glaubensverständnis und der Gewissensbildung zugute kommt« (nach anderen Übersetzungen »nach vorn«), lautet bei Johannes XXIII. »un balzo innanzi« und wird, wie bei Krätzl schon gesehen, in der lateinischen Fassung zu »novo studio«.

Bestimmte Berichterstatter (darunter Ludwig Kaufmann) erhielten vom Protokollchef kulanterweise die italienische Fassung zugeschoben. Gehört hatten sie die lateinische. Der Ausdruck »balzo innanzi« sprang ihnen dabei ins Auge: »Die Differenz zum Lateinischen begann die Journalisten zu interessieren, zumal im *L'Osservatore Romano* beide Fassungen publiziert wurden. Ausgerechnet die zentrale Stelle zeigte erhebliche Unterschiede. Ein Stichwort, das die Runde machte, war der Sprung nach vorwärts und Weglassungen im lateinischen Text.«[141] Schnell wurde aufmerksamen Lesern bewusst, dass die eigentliche päpstliche Originalfassung »kantiger und plastischer wirkte«[142], Hans Küng erblickt darin »orthodoxe Glättungen«[143], er wertet den Vorgang als eine »von Ottaviani, Tromp und Verbündeten beabsichtigte *Verdoktrinalisierung des Konzils*«[144] – das genaue Gegenteil von dem, was der Papst beabsichtigte. Bei Mario von Galli und Bernhard Moosbrugger, denen eine deutsche Rohübersetzung vorlag, wurde daraus schlicht: »Es ist auch nicht unsere Sache, gleichsam in erster Linie einige Hauptpunkte der kirchlichen Lehre zu behandeln.«[145]

Johannes XXIII. stellt anschließend fest, dass die Kirche oft zu streng gehandelt habe, wenn Irrtümer bekämpft wurden. Jetzt sei die Zeit gekommen, »eher das Heilmittel der Barmherzigkeit zu gebrauchen als das der Strenge«[146]. Im Original schrieb er: »far uso della medicina della misericordia«, zu verlesen hatte er »misericordiae medicinam adhibere«[147].

Damit verstärkte er eine vielbeachtete vorige Passage, bevor er auf die Eigenart dieses Konzils – eben einen »Sprung nach vorwärts« zu wagen – einging: »In der täglichen Ausübung unseres Hirtenamtes verletzt es uns, wenn wir manchmal Vorhaltungen von Leuten anhören müssen, die zwar voll Eifer, aber nicht gerade mit einem sehr großen Sinn für Differenzierung und Takt begabt sind. In der jüngsten Vergangenheit bis zur Gegenwart nehmen sie nur Missstände und Fehlentwicklungen zur Kenntnis. Sie sagen, dass unsere Zeit sich im Vergleich zur Vergangenheit nur zum Schlechteren hin entwickle. Sie tun so, als ob sie nichts aus der Geschichte gelernt hätten, die doch eine Lehrmeisterin des Lebens ist, und als ob bei den vorausgegangenen Ökumenischen Konzilien Sinn und Geist des Christentums, gelebter Glaube und eine gerechte Anwendung der Freiheit der Religion sich in allem hätten durchsetzen können. Wir müssen diesen Unglückspropheten widersprechen, die immer nur Unheil voraussagen, als ob der Untergang der Welt unmittelbar bevorstehen würde.«[148]

Dass der Papst »so dezidiert mit der Nostalgie der Christenheit aufräumen und den ihr nachhängenden ›Unglückspropheten‹ in seiner nächsten Umgebung« – in der lateinischen Fassung sucht man vergeblich nach den »profeti di sventura« – »so pointiert Absage erteilen würde«, kam nach Kaufmann unerwartet. Diese Passage »schlug ein wie keine andere«: »Ich erinnere mich, wie es in diesem Augenblick mäuschenstill wurde und auch der Redaktor einer italienischen Zeitschrift (*Mondo*) hinter mir, der während der ganzen zweistündigen Zeremonie geschwatzt hatte, verstummte. Der Papst sprach vom Kurienalltag (…), und wie ihm da unterschwellig Auffassungen nahegelegt würden, die ihn verletzten.«[149] Eine andere Feststellung gibt ebenfalls eine Ahnung von der unmittelbaren Stimmung: »Es wird berichtet, dass viele Konzilsväter dabei unwillkürlich in die Richtung von Kardinal Ottaviani und seiner Gesinnungsgenossen blickten.«[150]

Man erinnere sich Jahrzehnte später an die Ansprache von Papst Franziskus an die Römische Kurie, der er am 22. Dezember 2014 ziemlich drastisch fünfzehn Krankheiten vorhielt – in die Geschichte eingegangen als »Kopfwäsche« für Kardinäle, Bischöfe und andere Vatikan-Mitarbeiter, durchaus mit Erich Garhammer zu verstehen als »Klerikalismusprophylaxe«[151]!

Für Giuseppe Alberigo war die Konzilseröffnungsrede »der wichtigste Akt des ganzen Johannespontifikats«[152]. Für den Zeithistoriker Andrea Riccardi, der 1968 die heute weltweit aktive Basisgemeinschaft Sant'Egidio mit begründete, stellt sie »eine der vollendetsten Ausdrucksformen der Konzilsvision von Papst Roncalli dar«, so »dicht und nicht leicht verständlich«[153] sie auch gewesen sei.

Vor dem Hintergrund der Synopse der tatsächlich gehaltenen lateinischen Rede und des italienischen Originals mitsamt deutscher Übersetzung bei Kaufmann und Klein ist der Hinweis von Ludwig Kaufmann wichtig: »Es genügt nicht, die Differenzen zwischen den beiden Fassungen als bloss stilistische Angelegenheit des Übersetzers zu beurteilen. Die an den abweichenden Stellen zutage tretenden Tendenzen zeigten sich als Abschwächungen der Aussage bzw. als Versuch, dieselbe in geläufige lehrhafte Formeln umzugießen.«[154] De facto wurde die Rede damit umgeschrieben, um nicht zu sagen zensiert. Ob dies bewusst oder unbewusst geschah, in »vorauseilendem Gehorsam« eines beflissenen Kurienprälaten, der den »Apparat« vor einem »charismatischen Papst« bewahren, mindestens seinen pointierten Aussagen die Spitze nehmen wollte, sei dahingestellt. Aber es waren nicht nur stilistische Eingriffe.

Der Vorgang gibt auch die damals vorherrschende Mentalität der Kurie wieder, die sich noch dazu auf durchaus »Widersprüchliches« wie etwa »die anachronistische Einschärfung des Lateins durch das Papstschreiben *Veterum sapientia*«[155] berufen konnte, eine Apostolische Konstitution, zu der Johannes XXIII., wie Küng vermutet, von seinem Umfeld »gedrängt« wurde. Im Februar 1962, gut acht Monate vor Konzilsbeginn, veröffentlicht, bereute er dieses Dokument später offenbar: »›Non mi parla di questa maledetta costituzione‹ – sprechen Sie mir nicht von dieser verfluchten Konstitution, hatte der Papst zu einem mir nahestehenden Kardinal zuvor gesagt, ›aber jetzt halte ich die Eröffnungsrede zum Konzil, und die mache ich selbst!‹«[156] Es entbehrt nicht einer gewissen Ironie, dass der Papst damit »Opfer« seines eigenen Textes wurde und auf (Kirchen-)Latein reden musste, das zwar von den anwesenden Bischöfen aus aller Welt gewiss besser verstanden wurde als eine italienische Rede, aber eben eine geglättete Rede darstellte.

Selbst Karl Rahner hat 1962 einen ausladend langen wissenschaftlichen Artikel »Über das Latein als Kirchensprache« verfasst, in welchem er sich – ganz Kind des humanistischen Bildungserbes – zustimmend für das Latein als theologische Unterrichts- und kirchliche Verwaltungssprache äußerte[157]. Ob er darauf im Nachhinein stolz sein konnte?

Inzwischen kennt man den Auftraggeber der Konstitution: Kardinal Giuseppe Pizzardo (1877–1970), der fast dreißig Jahre lang Präfekt der Seminar- und Universitätskongregation gewesen war, aber auch acht Jahre lang (1951–1959) als Sekretär des Hl. Offiziums fungierte und mit Kardinal Ottaviani befreundet war. Pizzardo betraute damit Kardinal Antonio Bacci (1885–1971). Dieser war »der Latinist des Vatikans, dem die lateinische Endredaktion aller Konzilsbeschlüsse anvertraut war und der vor allem weltweit berühmt wurde durch seine Geschicklichkeit, mit der er für moderne, vor allem technische Begriffe lateinische Vokabeln erfand«[158]. Zusammen mit Bacci und Ottaviani sollte Pizzardo zu den Wortführern der konservativen Konzilsminderheit werden: »So trat er als unnachgiebiger Verteidiger des Lateinischen in der Kirche auf. Bereits vor dem Konzil hatte er sich (…) gegen den Gebrauch der Landessprache in den Sitzungen ausgesprochen. Seine Argumente (…) wurden teilweise wortwörtlich in die am 22.2.1962 erlassene Apostolische Konstitution *Veterum Sapientia*, die den Gebrauch des Lateinischen für die Kirche einschärfte, aufgenommen.«[159]

Unverständlich bleibt mir allerdings, warum der neue große theologische Konzilskommentar von Peter Hünermann und Bernd Jochen Hilberath, der im Anhang des fünften Bandes auch wichtige Konzilsreden dokumentiert, die Übersetzung der *Herder Korrespondenz* von 1962 nachdruckt, die *un balzo inannzi* mit »ein neues Bemühen« wiedergibt[160].

Einen »Sprung nach vorn« hatte sich Johannes XXIII. gewünscht. Keine neun Monate später starb er. Den weiteren Verlauf des Konzils nach dessen Wiederaufnahme durch den neuen Papst hat er nicht mehr miterlebt, konnte er nicht mehr mitgestalten oder lenken. Großartige Texte wurden erarbeitet und verabschiedet. Nachkonziliare Entwicklungen haben manches ausgebremst. »Im Sprung gehemmt« war 1998, 36 Jahre nach Beginn und 33 Jahre nach Abschluss des Konzils, kein zufällig gewählter Buchtitel von Weihbischof Helmut Krätzl. Er zeigte darin aber nicht nur auf, was ihm nach dem Konzil »noch alles fehlt« oder abhanden gekommen zu sein schien, sondern fasste im letzten Kapitel auch zusammen: »Was der Kirche wieder auf die ›Sprünge‹ helfen kann.«[161]

Verraten, verkauft, verschaukelt fühlen sich viele, wenn heutzutage die Rede aufs Konzil kommt. Paradoxerweise beide Seiten: Die einen, weil sie »ihre Kirche« nicht wiedererkennen. Die anderen, weil sie sich in ihren Erwartungen und Hoffnungen enttäuscht sehen. Die einen fliehen in liturgische und theologische Sonderwelten und erhielten von 2005 bis 2013 Unterstützung von höchster Stelle. Die anderen klagen an: Immer noch ist der Zölibat nicht freigestellt, Frauen haben keinen Zugang zu Weiheämtern, gleichgeschlechtlich Lebende und Liebende dürfen (absurderweise) keinen Segen empfangen, die kirchliche Sexualmoral ist auf einem »vorkonziliaren« Stand und ignoriert wissenschaftliche Erkenntnisse.

Zeitzeugen der ersten Hälfte der 1960er-Jahre gibt es nur mehr sehr wenige: Bischöfe ebenso wie Theologen und Beobachter. Und die Generation, die mit dem Konzil so viel verband, als sie ins Leben hineinwuchs, und die die Vision des Konzilspapstes Johannes teilte, wird alt. Sprachlos geworden ist sie nicht. Aber nach den vielen runden Jubiläen – zwanzig, dreißig, vierzig, fünfzig Jahre nach Konzilsbe-

ginn oder -ende – stellt sich, sechzig Jahre nach Konzilsbeginn, unausweichlich die Frage: Was hat das Geschehen
von 1962 bis 1965 mit mir zu tun? Und was mit der Kirche?
Es war »nur« ein Konzil von vielen. Und vieles ist nach dem
Konzil schief gegangen oder in eine andere Richtung gelaufen als erhofft (oder befürchtet). Niemand kann in Abrede
stellen, dass es Fehlentwicklungen gab.

Ihnen allen, der einen wie der anderen Seite, empfehle
ich wieder und wieder die (geistliche) Lektüre der Konzilseröffnungsrede – um den »Geist« zu spüren oder zu erahnen, der Johannes XXIII. und diejenigen beseelte, die davon
überzeugt waren, dass die Kirche nicht nur Altbewährtes
wiederholen und einschärfen darf, sondern Neues wagen
muss. Inhaltlich, aber auch vom Stil her. Der im März 2019
beschlossene, im September 2019 von der Deutschen Bischofskonferenz (DBK) gemeinsam mit dem Zentralkomi-
tee der deutschen Katholiken (ZdK) auf den Weg gebrachte, coronabedingt zunächst ausgebremste Synodale Weg in
Deutschland – eine Reaktion auf die sogenannte MHG-Stu-
die über sexuellen Missbrauch und sexualisierte Gewalt, die
neben dem individuellen auch ein systembedingtes Ver-
sagen nachwies – greift systemische Themen auf. Der uni-
versalkirchliche synodale Prozess, auf den Papst Franziskus
die Weltkirche eingeschworen hat – er mündet im Oktober
2023 in eine Weltbischofssynode –, ebenso.

Sechzig Jahre nach Konzilsbeginn gilt es, wieder und
wieder auf Johannes XXIII. und seinen Traum von Kirche
zu schauen, die dem Menschen dient. Konzilstexte muss
ich lesen und verstehen (lernen). Wieder und wieder mich
damit auseinandersetzen. »Aus dem Konzil geboren« be-

deutet auch: An einem Geburtsvorgang teilnehmen, der – wie könnten Männer das je adäquat nachvollziehen, die niemals Kinder gebären können – schmerzhaft sein kann. Das Erbe des Konzils zu wahren, damit zu wuchern ist auch ein maieutischer Vorgang und eine Aufgabe, die jeder Zeit aufgetragen ist.

Texte jedoch sind – und bleiben – Texte. Die Berufung auf ihren »Geist« ist ambivalent: Denn das tun die einen wie die anderen. Dies und jenes wird in Texte hinein- und aus ihnen herausgelesen. Steinbruchlektüre nenne ich das – selektive Wahrnehmung. Es geht aber nicht um Buchstaben. Oder um theologisches Fingerhakeln. Es geht darum, ob und wie Kirche zukunftsfähig ist: sprach- und dialogfähig, um es mit ihrer Zeit aufnehmen zu können. Das Stichwort des Konzilspapstes dafür lautete bekanntlich »Aggiornamento«. Das ist und bleibt eine Herausforderung, auch wenn immer wieder »winterliche Zeiten« (Karl Rahner) in der Kirche festzustellen sind. Einfache Antworten und einfache Lösungen taugen nicht. Sie helfen nicht weiter. Erst recht dort nicht, wo das Gespenst und die Chimäre eines Schismas, einer Kirchenspaltung, beschworen wird.

»Gaudet Mater Ecclesia«: Das Lesen, die Relektüre der Konzilseröffnungsrede hilft mir, nicht auf die Seite der Unglückspropheten zu geraten, mich in eine Untergangsrhetorik hineinzusteigern, die nur Verfall und Niedergang sieht. Annette Schavan, die langjährige deutsche Bundesbildungsministerin und nachmalige Botschafterin der Bundesrepublik Deutschland beim Hl. Stuhl, warnt in ihren Reden seit geraumer Zeit vor einer »Insolvenzrhetorik« in der Kirche. Sie beruft sich dabei auf Andrea Riccardi: »Gerade hierin besteht das Christentum: eine Perspektive, keine Retrospektive. Aus diesem Grund ist der Traditionalismus unsinnig.«[162] Diese Sicht speist sich aus Optimismus – ich würde lieber von Glaubensfreude und Glaubenszuversicht sprechen: »Viele Worte Christi sind für uns bis heute unbegreiflich, denn wir sind noch geistige und sittliche Neandertaler, der Pfeil des Evangeliums zielt auf die Ewigkeit, die Geschichte des Christentums beginnt erst. Das aber, was vorher war, was wir jetzt die Geschichte des Christentums nennen, das sind je zur Hälfte ungeschickte und erfolglose Versuche, es zu realisieren.«[163]

Hans Küng nannte die Entscheidung von Johannes XXIII., ein Konzil einzuberufen, seinerzeit »epochemachend«, sie war für ihn ein »entschiedener *Klimawechsel*«[164], nicht nur wegen der Erwartung der Überwindung der ökumenischen Stagnation. Dieser einsame Entschluss löste berechtigte Hoffnungen auf einen Frühling, auf Aufbruch in der Kirche aus. Deswegen lohnt es, hier noch einmal auf den Schluss der Konzilseröffnungsrede zu schauen: »Mit Beginn dieses Konzils bricht in der Kirche ein strahlender, glückverheißender Tag an. Noch herrscht die Morgendämmerung, und schon fühlen wir uns bei den ersten Zeichen des anbrechenden Tages wohl. Alles atmet Heiligkeit, alles weckt Freude. Und da sollten wir auch die Sterne sehen.«[165]

6.

Alltag einer Denkwerkstatt oder: Das Konzil als Laboratorium kollektiver Wahrheitsfindung

Am Tag 1 nach der glanzvollen Eröffnung begann – der Alltag. Das hieß: Arbeitsalltag. Und doch startete das Konzil so alltäglich nicht. Schon am zweiten Tag gab es nämlich Überraschungen, und diese sollten sich in den nächsten Monaten fortsetzen: Schritt für Schritt fand das Konzil zu sich selbst. Ein ungeahnter Emanzipationsvorgang setzte ein – im Rückblick eine ebenso bemerkenswerte wie nicht voraussehbare (d. h. kalkulierbare) Entwicklung des Episkopats, der sich nicht länger vom »Apparat«, der Römischen Kurie, bevormunden, ausbremsen oder entmündigen lassen wollte. Die Bischöfe sahen sich dabei von Papst Johannes XXIII. ermutigt: Themen völlig frei anzugehen, die sie (und nicht die Kurie) bestimmten und für wichtig und relevant empfinden – ohne vorauseilende »Schere im Kopf«, dass darunter vielleicht »gefährliche« Themen sein könnten.

»Am 11. Oktober 1962«, schreibt Alberigo, »sah es so aus, als würde das Konzil seine Arbeit von vorne anfangen; mehr als 90 % der vorbereiteten Papiere sollten von der Konzilsversammlung außer acht gelassen werden.«[166]

Er spielt damit auf den Widerstand »von unten« an. Nicht weil Bischöfe plötzlich renitent geworden wären. Aber sie durchschauten gewisse Manöver der Kurie, begehrten auf und begannen sich zu wehren. Die ihnen vorab zugegangenen Schemata hatten bereits Ahnungen wachgerufen, wie das Konzil verlaufen und welches Schicksal ihm damit blühen könnte. Sowohl die Bischöfe als auch ihre Berater und Gutachter waren gewarnt. Für ein Alibi-Konzil standen sie nicht zur Verfügung.

Bereits am Tag 2, am 13. Oktober 1962, kam es zu einem »ersten (noch sanften!) Eklat, der dazu führte, dass die erste Arbeitssitzung schon nach nur zwanzig Minuten beendet wurde«[167].

Papst Johannes XXIII. hatte mit dem *Motu proprio* »Superno Dei nutu«[168] vom 5. Juni 1960 eine Geschäftsordnung erlassen und zehn vorbereitende Kommissionen eingerichtet, deren Themenfelder mit denen der vatikanischen Behörden weitgehend identisch waren, sodass deren Leiter (»Präfekten«) auch die Vorsitzenden der entsprechenden Kommissionen waren. Am wichtigsten war die am 16. Juni 1960 gebildete Zentralkommission, die sich aus den Leitern der neun Vorbereitungskommissionen (die identisch mit den vatikanischen Kongregationen waren) und den Vorsitzenden der Bischofskonferenzen zusammensetzte. Sie wuchs im Lauf der Zeit auf über hundert Mitglieder an, dazu kamen noch etwa dreißig Berater. Neun Monate vor Konzilsbeginn waren damit etwas mehr als 800 Personen in die Vorbereitung des Konzils eingebunden, allerdings waren zwei Drittel davon Europäer – »anders als später beim Konzil«[169].

An dem besagten 13. Oktober 1962 wurden Wahlzettel ausgeteilt, auf denen je 16 Namen zu notieren gewesen wären. Allerdings enthielten die Listen vor allem jene Namen, die bereits den Vorbereitungskommissionen angehört hatten, womit die Vertreter der Kurie in der Mehrzahl gewesen wären. Das durchschauten Mitglieder des Präsidiums, das aus zehn vom Papst ernannten Kardinälen bestand. Joseph Frings (Köln) und Achille Liénart (Lille) plädierten, auch im Namen von Franz König (Wien) und Julius Döpfner (Berlin), für eine Verschiebung der Wahl. Da versucht wurde, ihnen eine Wortmeldung zu verweigern, kämpften sie sich zu einem Mikrofon durch »und sagten ganz unschuldig, man kenne sich doch noch zu wenig, müsse sich erst kennenlernen«[170], das dauere einige Tage. In dem Moment fiel das später viel zitierte Wort des Bischofs von Reno (Nevada), Robert Joseph Dwyer (1908–1976), und machte die Runde: »Wir merkten, dass wir ein Konzil waren – und keine Klasse von Schuljungen, die man zusammengetrommelt hatte.«[171] In den nächsten Tagen wurden nach eingehenden Konsultationen neue Wahllisten erstellt, die auch die Internationalität der Weltkirche und Kompetenz von außerhalb der Kurie widerspiegelten. Peschs lakonischer Kommentar zu diesem misslungenen und abgewehrten »Manipulationsversuch der Kurie«[172]: »Aber der Schuss ging nach hinten los.«[173] Ein Lexikon-Artikel über Liénart nennt dessen Intervention »entscheidend für das Konzil«[174]. Hans Küng erinnert sich: »Eine ständige *Auseinandersetzung Konzil versus Kurie*« sei zunächst »vorprogrammiert und in den Konzilskommissionen institutionalisiert«[175] gewesen.

Weitere Krisen oder Skandale – größere und kleinere, manche peinlich oder gar lächerlich, andere überaus ernst und das Gesamtunternehmen Konzil gefährdend – sollten im Laufe der nächsten Monate und Jahre folgen.

Erwähnt seien in aller Kürze vier Ereignisse: *Erstens* die Intervention Johannes' XXIII. am Ende der ersten Session, als zwischen dem 1. und 7. Dezember 1962 die Debatte um das Schema über die Kirche »De ecclesia« stockte und der Papst eine Koordinierungskommission einsetzte, der aber neben neuen Mitgliedern auch die Verfasser des Schemas angehörten, die er nicht brüskieren wollte. *Zweitens* die sogenannte Oktoberkrise 1963, als wieder über strittige Punkte des Kirchenschemas abgestimmt wurde (Episkopat, Kollegialität, Diakonat); *drittens* die sogenannte »Schwarze Woche« (*settimana nera*), die so genannt wurde, weil der neue Papst (Paul VI.) dem Konzil im November 1964 ein Thema entzog[176]: die Kollegialität der Bischöfe. Gewisse Kräfte befürchteten, diese könne den päpstlichen Primat einschränken. Und *viertens* das Gerangel um das sogenannte Judendekret, das in dem 1960 eingerichteten Einheitssekretariat unter dem Jesuitenkardinal Augustin Bea vorbereitet worden war (»Quaestiones de Iudaeis«). Es wurde von arabischen Bischöfen blockiert, so dass es schlussendlich nach einem abenteuerlichen Hin und Her »nur« mehr für einen Abschnitt (Nr. 4) in »Nostra aetate« reichte, der »Erklärung über die Haltung der Kirche zu den nichtchristlichen Religionen«. Paradoxerweise hat das kürzeste Dokument des Zweiten Vatikanums eine der längsten Konfliktgeschichten hinter sich, was heute kaum mehr nachvollziehbar ist. Die Anerkennung des Staates Israel, die Verurteilung von Antisemitismus und Antijudaismus (jüdische Kollektivschuld am Tod Jesu), die theologische Frage des Verhältnisses der Kirche zum Judentum (»Substitutionstheorie«): All das löste auf verschiedenen Ebenen Nervositäten aus, teils energischen theologischen Widerstand oder massive politische Interventionen[177].

Nicht jeder wird die fünf umfangreichen Bände zum Ablauf des Konzils von Giuseppe Alberigo lesen können. Im »alten«, von Karl Rahner und Herbert Vorgrimler herausgegebenen Herder-Konzilskommentar zum Konzil findet sich eine ausführliche Chronik der Konzilsjahre von Giovanni Caprile SJ, im »neuen« (über dreißig Jahre späteren, neue Erkenntnisse aufnehmenden) fünfbändigen von Peter Hünermann und Bernd Jochen Hilberath herausgegebenen Kommentar hat Joachim Schmiedl (in Band 5) eine Chronik zusammengestellt[178]. Es lohnt, dort Details nachzuschlagen, um sich bewusst zu machen, wie das Konzil arbeitete, funktionierte – und wie es zu sich selbst fand[179].

Dass es vier Konzilssessionen werden würden – so wurden die Sitzungs- oder Tagungsperioden genannt –, war im Oktober 1962 überhaupt noch nicht klar. Keiner wusste, wie lange das Konzil dauern würde: Zwei Wochen? Zwei Monate? Die Reformgegner wollten es hinter sich bringen und möglichst schnell abwickeln: »Alle an der Kurie, bis zum Papst, dachten, Weihnachten 1962 würde das Konzil vorbei sein.«[180] Es wurden jedoch drei Jahre: Oktober 1962 bis Dezember 1965. Zum Vergleich: Das Konzil von Trient fand (in drei Tagungsperioden) zwischen 1545 und 1563 statt. Das Erste Vatikanum begann am 8. Dezember 1869 und wurde (nach 89 Generalkongregationen) am 20. Oktober 1870, nachdem das Königreich Italien einen Monat zuvor den Kirchenstaat annektiert hatte, abgebrochen bzw. auf unbestimmte Zeit vertagt (und nicht wieder aufgenommen, wie Johannes XXIII. mit der Bezeichnung Zweites Vatikanisches Konzil in dem *Motu proprio* »Superno Dei nutu«[181] vom 5. Juni 1960 deutlich machte). Im 19. Jahrhundert gab es etwa 800 Konzilsväter, jetzt waren es zwischen 2450 und 2750 Bischöfe aus aller Welt – also auch logistisch gesehen eine ganz andere Dimension!

Die erste Konzilssession dauerte vom 11. Oktober bis 8. Dezember 1962, die zweite vom 29. September bis 4. Dezember 1963, die dritte vom 14. September bis 21. November 1964 und die vierte und letzte vom 14. September bis 8. Dezember 1965. Insgesamt gab es 168 Generalkongregationen, die man auch als Vollversammlung bezeichnen könnte: So wurden die Versammlungen aller Konzilsbischöfe zur Beratung und Diskussion von Textentwürfen genannt, die dort präsentiert, zustimmend oder mit Auflagen akzeptiert, verworfen und erneut vorgestellt wurden, bevor es in einer »Session«, der feierlichen Schlussabstimmung, zu einer rechtsverbindlichen Abstimmung kam. Um die Effizienz zu steigern und weil die zweimonatige »Warmlaufzeit«[182] gezeigt hatte, dass das zehnköpfige Präsidium wenig effektiv arbeiten und Prioritäten gewichten konnte, wurde am 5. Dezember 1962 eine Koordinierungskommission eingesetzt, zu der mit Kardinal Döpfner auch ein Deutscher gehörte. Am Beginn der zweiten Konzilssession (am 6. September 1963) wurde Döpfner zusammen mit León-Joseph Suenens, Giacomo Lercaro und dem Armenier Grégoire-Pierre Agagianian, Präfekt der Kongregation für die Evangelisierung und einziger Kurienvertreter, zu einem von vier »Moderatoren« ernannt. Sie sollten den weiteren Verlauf wesentlich steuern und bestimmen.

36 Generalkongregationen, 640 Reden, 33 Abstimmungen[183]: Das sind die nackten Zahlen der ersten Konzilssession. Sie ließen erahnen, dass das Konzil seinen Weg suchen und finden musste, um nicht auszuufern, sich zu verlieren oder in endlose Debatten zu verstricken, die zu keinen Ergebnissen führten. Diese Zahlen auf vier Tagungsperioden hochgerechnet, erhält man eine Ahnung, welche »Knochenarbeit« auf dem Konzil geleistet wurde: Ständig mussten Änderungswünsche und -anregungen (»Modi«) eingearbeitet oder teils völlig neue Texte erstellt werden. Die Textgenese mancher Konzilsdokumente, die teils dramatischen Umstände ihrer Entstehung, gleicht einer Leidensgeschichte. Während Johannes XXIII. bei der ersten Krise darauf aus war, »eine lähmende Debatte mit vielfältigen Versuchen des Feilschens und Keilens« zu vermeiden und damit einer »Verbitterung« oder einer »Vergiftung des Klimas«[184] entgegenzuwirken, indem er einen neuen gemeinsamen Entwurf beider konträrer Parteien anordnete, war Paul VI. mit seinen Interventionen »weit weniger zögerlich«[185], was auch mit dem Temperament der beiden Päpste erklärbar ist.

Natürlich waren sowohl Bischöfe als auch ihre Theologen in der Zeit zwischen den Sessionen (»Intersessio« genannt), also von Dezember 1962 bis September 1963, von Dezember 1963 bis September 1964 und zwischen November 1964 bis September 1965 aktiv – zuhause in ihren Diözesen (die sie ja nicht jahrelang allein lassen konnten) oder im Vatikan. So manches, was in langwierigen Arbeitssitzungen von Theologen formuliert und getextet, von Bischöfen oder ganzen Bischofskonferenzen untereinander besprochen, überarbeitet oder auch fallengelassen wurde, kam auch an ungewöhnlichen Orten zustande, wo »ventiliert« wurde: um »Stimmungsbilder« einzufangen, Tendenzen auszumachen, mögliche Richtungen zu erspüren, die eine Debatte nehmen könnte. So wurde zum Beispiel ein Nebenraum des rechten Seitenschiffs des Petersdoms während des Konzils zu einem wichtigen Schauplatz: »eine Erfrischungstheke, die bald sprichwörtliche ›Bar Jona‹ (in wortspielerischer Anknüpfung an den griechischen und lateinischen Text von Mt 16,17), an der manche Vorgänge des Konzils nicht unerheblich beeinflusst worden sein sollen«[186].

Auf eine interessante Parallele zwischen dem Konzil und der Synodenpraxis von Papst Franziskus ist hier hinzuweisen. Hans Küngs Erinnerung deckt sich nämlich mit einem aktuellen Trend im gegenwärtigen Pontifikat: »Die inoffiziellen Meetings, wo Bischöfe, Theologen und Journalisten von überall her in ihrer Sprache offen und frei reden durften, sind für die Meinungsbildung im Konzil gerade so wichtig wie die ritualisierten lateinischen Sitzungen in der Konzilsaula.«[187] Franziskus zeigt bei den Bischofssynoden nicht nur (als Zuhörer) Präsenz. Er ist auch in der Cafeteria anzutreffen, wo er sich einen Espresso holt und mit Synodenteilnehmern ungezwungen ins Gespräch kommt. Auch solche Begegnungen, die nirgendwo protokolliert sind, tragen zum Gesamtgeschehen bei – eines Konzils ebenso wie einer Weltbischofssynode.

Die Arbeit im Hintergrund, in den einzelnen Kommissionen, war das Entscheidende. Bischöfe waren dabei auf ihre Berater angewiesen, die ihnen zur Hand gingen, quasi Übersetzungsarbeit leisteten. Die nach dem Konzil aufgekommene These, Theologen hätten Bischöfe überrumpelt und ihnen ihre Lieblingsthesen aufgedrängt, geht ins Leere, auch wenn sie permanent wiederholt wurde, um mindestens im Nachhinein zu relativieren: Aber ein Konzil ist eine Bischofsversammlung, kein Theologenkongress. Wer aber nur Altbekanntes wiederholen oder einschärfen wollte, hätte die ausdrückliche Absicht von Johannes XXIII., den Dialog mit der Welt aufzunehmen, neue Erkenntnisse nicht von vornherein abzuwehren oder gar zu verurteilen, verkannt. Theologen brachten Bischöfe oft à jour, diese wiederum mussten sehen, wie sie konsensfähige Texte zustande brachten: das Konzil als Laboratorium kollektiver Wahrheitsfindung! Wer den Papst als immer und in jeder Frage unfehlbaren, absoluten Monarchen verstanden wissen wollte, der keinerlei Beratung in Anspruch zu nehmen hat, musste entsetzt sein über den Abschied von einer Sicht von Kirche, die (seit dem Ersten Vatikanum) vor allem eine Papstkirche war, die Bischöfe zu Filialleitern vor Ort ohne eigene selbständige Autorität machte, von den »Laien« ganz zu schweigen.

Drei Ereignisse will ich dem Ablauf noch hinzufügen: Johannes XXIII. starb am 3. Juni 1963 nach tagelanger Agonie. Seine Friedensenzyklika vom April wurde zu seinem Testament. Mit seinem Tod war das Konzil ausgesetzt bzw. suspendiert. Denn ob es der neugewählte Papst wieder aufnehmen und fortsetzen würde, lag in seinem eigenen Er-

messen. Bei manchen begann ein Zittern. Den Konzilsvätern schwante wohl, welche Chance die Kirche verpasst,
wenn der neugewählte Bischof von Rom das Konzil für
beendet erklärt. Die Wahl der in der Sixtinischen Kapelle
unter Michelangelos Riesengemälde vom Weltgericht versammelten Kardinäle fiel, nicht unerwartet, nach nur zweitägigem Konklave auf den Erzbischof von Mailand, Kardinal Giovanni Battista Montini. Er nahm den Namen Paul
VI. an. Kandidat der Kurie war er gewiss nicht, für viele
aber war er der »logische Nachfolger« Johannes' XXIII. und
Garant dafür, dass das Konzil weitergehen würde: »Schon
am Tag nach seiner Wahl« – die am 21. Juni 1963 erfolgte
und bei der Montini angeblich 65 von 80 Stimmen erhielt[188]
– »kündigte er in einer Rundfunkbotschaft an, dass er das
Konzil fortsetzen werde. Als neuer Termin wurde der 29.
September festgesetzt. Eine ganze Reihe weiterer Äußerungen und Maßnahmen der folgenden Wochen machten seinen Kurs deutlich.«[189]

Kardinal Suenens sollte am Beginn der zweiten Sitzungsperiode, am 28. Oktober 1963, in einer Gedenkrede sagen: »Am Tage seiner Wahl konnte Johannes XXIII.
wie ein ›Übergangspapst‹ erscheinen. Und sicher war er
es, aber auf überraschende Weise, die man mit diesem
Ausdruck für gewöhnlich nicht verbindet. Aus der Sicht
der Geschichte wird es ohne Zweifel erlaubt sein zu sagen,
dass er für die Kirche ein neues Zeitalter eröffnete und
dass er für den Übergang vom 20. zum 21. Jahrhundert
die Grenzpfähle absteckte.«[190] Für Hans Küng war Johannes XXIII. »der größte Papst des 20. Jahrhunderts«[191]. Oft
kann man lesen, nur ein Johannes XXIII. habe das Konzil

einberufen und gegen allerhand Widerstände auch eröffnen können. Und nur ein Paul VI. habe das intellektuelle Format gehabt, es fortzusetzen und zu einem guten Ende zu bringen.

Der deutsche Jesuit und Sozialethiker Gustav Gundlach (1892–1963), von 1934 bis 1962 Professor an der Gregoriana in Rom und enger Berater der Päpste Pius XI. und Pius XII. – er gilt als Ghostwriter der Enzyklika »Quadragesimo anno« (1931) –, ist zwei Tage nach der Wahl von Paul VI. in Mönchengladbach gestorben. 1953 »steckte« er dem Studenten Hans Küng, der im Germanicum »Präsident des Sozialzirkels« war: »Wenn ich einen im Vatikan eliminieren könnte, so wär's der Montini!«[192] Wie Gundlach auf die Wahl reagiert hat, ist nicht bekannt. Aber sein Ausspruch gibt die Stimmung wieder, die in den 1950er-Jahren in der Kurie herrschte, die eine »apertura a sinistra«, eine Öffnung nach links, befürchtete. Montini sympathisierte mit dem französischen Sozialkatholizismus und wurde dem linken Flügel der *Democrazia Cristiana* zugerechnet – ein wahrer Graus für »stramme« Kurienmitarbeiter. Doktrinärer Antikommunismus galt ihnen über alles. Jede andere Position war verdächtig. Von 1922 bis 1954 im Päpstlichen Staatssekretariat tätig, also über drei Jahrzehnte lang, seit 1937 als »Substitut« unter Kardinalstaatssekretär Eugenio Pacelli, dessen enger Mitarbeiter er auch nach dessen Wahl (Pius XII.) blieb, war Montini ein Insider mit direktem Zugang zu beiden Päpsten. Wie Tardini lehnte er 1952 die Erhebung zum Kardinal ab, wurde aber Pro-Staatssekretär ohne Bischofsweihe und Kardinalstitel. 1954 wurde er nach Mailand versetzt – und damit aus der Kurie entfernt. Und dieser Montini, den Johannes XXIII. so schätzte und zu seiner »prima creatura« machte, wurde Papst!

Das zweite Ereignis, auf das ich hinweisen will: Am 22. November 1963, also während der zweiten Konzilssession, wurde Präsident John F. Kennedy (1917–1963) in Dallas (Texas) ermordet. Er war der erste katholische Präsident im Weißen Haus gewesen – und ein großer Hoffnungsträger, mit dem Papst Johannes XXIII. während der Kubakrise in engem Kontakt stand. Sein Amtsantritt am 20. Januar 1961 passte in die Aufbruchsstimmung vor dem Konzil. Erneuerungsbedarf gab es nicht nur in der katholischen Kirche!

Das dritte Ereignis: Papst Paul VI. war der erste Papst, der das Land betrat, in dem Jesus geboren wurde. Nie zuvor war ein Bischof von Rom in Palästina gewesen – heute kaum zu glauben. Paul VI. machte den Anfang: Die Pilgerfahrt dauerte nur drei Tage, vom 4. bis 6. Januar 1964. Er musste über Amman anreisen und machte von dort aus einen Elf-Stunden-Abstecher nach Jerusalem, Bethlehem und Nazareth. Die heiligen Stätten in Jerusalem standen damals noch (bis zum Sechstagekrieg im Juni 1967) unter der Hoheit des jordanischen Königs. In Israel (das Jerusalem als seine Hauptstadt reklamierte) musste er auf arabische Christen Rücksicht nehmen. Für seine Nachfolger Johannes Paul II. und Benedikt XVI. waren Reisen ins Heilige Land bereits eine Selbstverständlichkeit: Im Jahr 2000 – seit Januar 1994 gibt es diplomatische Beziehungen zwischen dem Heiligen Stuhl und Israel – reiste der bereits durch seine Krankheit stark eingeschränkte polnische Papst an, im

Mai 2009 begab sich der deutsche Papst und Weltkriegsteilnehmer Joseph Ratzinger (auch das nicht unheikel) auf die Spuren Jesu[193].

Noch während des Konzils, am 4./5. Oktober 1965, besuchte Paul VI. auch die UNO in New York und sprach vor der Vollversammlung. Auch das war ein Novum. Wenn man bedenkt, dass Johannes XXIII. der erste Papst seit dem Ende des Kirchenstaats war, der überhaupt den Vatikan verließ, dann wirkt die Tatsache, dass Johannes Paul II. mehr reiste als alle seine Vorgänger zusammen, schon wieder monströs. Jede Reise enthält aber auch die Botschaft: Der Papst geht hinaus, er besucht Menschen, die niemals die Gelegenheit haben, nach Rom zu kommen. Auch das hat mit dem auf dem Konzil geschaffenen Bewusstsein der Kirche als einer Weltkirche zu tun.

7.
Der vielbemühte »Geist des Konzils«

Der vielbemühte, oft zitierte, ja beschworene »Geist des Konzils«: Ist er lediglich eine Chimäre? Ein Phantom? Eine Erfindung von Theologen? Oder eine leere Vokabel? Tatsache ist, dass sich viele auf das Zweite Vatikanische Konzil berufen. Die einen wie die anderen reklamieren für sich, dass »Treue zum Konzil« darin besteht, die (»geheiligte«) Tradition nicht zu verraten. Oft beruft man sich dabei – welche Hybris! – auf die »Gesinnung« oder auf den »Geist« Jesu.

Natürlich hat die Kirche nicht im Jahr 1962 oder 1965 begonnen. Und das Zweite Vatikanum war *eines* von 21 Ökumenischen Konzilien. Es ist damals keine »andere« Kirche gemacht worden. Aber die Kirche wurde »anders«. Auch weil sie sich von manchen Traditionen verabschiedet hat. Diese wurden damit nicht für ungültig, aber für überwunden erklärt und durch andere Formen ersetzt. Daran – und hier geht es längst nicht nur um die muttersprachliche anstelle der lateinischen Liturgie – reiben sich bis heute die Geister. Manche verwechseln dabei die Kirche mit dem, was Jesus von Nazareth »Reich Gottes« nannte. Sie sind nicht identisch. Kirche kann immer nur annähernd widerspiegeln, was mit der Vision Jesu gemeint war. Und Kirche ist ja auch nie der »Himmel auf Erden«, was nicht erst klar wurde, seitdem höllische Dinge wie Macht- und sexueller Missbrauch an die Oberfläche kamen.

Zweifellos steckt die römisch-katholische Kirche nördlich der Alpen, also in Deutschland, Österreich und der Schweiz (wohl auch in den Niederlanden), in einer massiven Krise, vielleicht in der schwersten seit der Reformation im 16. Jahrhundert. Ist sie existenzbedrohend? Nicht allein die Tatsache, dass Kinder und Jugendliche missbraucht wurden, ist ein Skandal, sondern auch die schleppende oder verschleppte schonungslose Aufklärung. Zwölf Jahre ist es bereits her (Januar 2010), seitdem der damalige Rektor des Berliner Canisius-Kollegs Klaus Mertes SJ an die Öffentlichkeit trat und damit einen wahren Tsunami auslöste, denn mit einem Dominoeffekt hatte keiner gerechnet: Eine kirchliche Einrichtung nach der anderen geriet ins Zwielicht, prominente Bischöfe wurden als Vertuscher entlarvt, Priester kamen unter Generalverdacht, der sich wie Mehltau auf die Kirche legte. Selbst das, was seither an Aufklärung, Aufarbeitung und Prävention erfolgte, wird immer wieder durch neue Fälle konterkariert. Unter einem Teil der angehenden und jungen Priester führte das zu einem neuen Klerikalismus, der sich in einem Korpsgeist manifestiert. Der Kinderschutzgipfel im Vatikan (Februar 2019), zu dem alle Vorsitzenden von Bischofskonferenzen erscheinen mussten, wurde dann vorab kleingeredet[194].

»Veränderung geht!« klang etwas nach Zweckoptimismus: So lautete das Motto des 102. Katholikentags in Stuttgart Ende Mai 2022. Der Salzburger Fundamentaltheologe Gregor Maria Hoff analysierte: »In der Personalisierung der kirchlichen Auseinandersetzungen bildet sich ein Problemkomplex ab, in dem sich Interessen und Argumente, persönliche Glaubensüberzeugungen, kirchliche Grundhaltungen überlagern. Die katholische Kirche Deutschlands befindet sich in einer Krise, in der ihre Glaubwürdigkeit wie ihre Einheit auf dem Spiel stehen, gerade weil sie sich – wie in Köln – als eine umfassende Systemkrise erweist.«[195] Neben Finanzskandalen und unverzeihlichen Vorgängen, die eklatanten Machtmissbrauch offenbarten, ist seit Jahren eine Erosion des Glaubens, zumal in Europa und Nordamerika, ebenso unübersehbar wie unleugbar. Es fehlt nicht an »Unglückspropheten«, die dafür exklusiv das letzte Konzil verantwortlich machen. Es muss für sämtliche Missstände und Fehlentwicklungen herhalten. Dafür werden abenteuerliche, ja manchmal völlig abstruse Kausalzusammenhänge konstruiert.

Unüberhörbar ist der Ruf nach Reformen: ähnlich, aber anders als in der unmittelbaren Vorkonzilszeit, die ein Karl Rahner einmal die »pianische Epoche« der Kirche genannt hat, deren »letztes Aufbäumen« die Enzyklika »Humani generis« (August 1950) war, die so etwas wie eine theologische Eiszeit auslöste[196]. Reformagenden erinnern da und dort an überzogene Forderungen bei Tarifverhandlungen: Wie viel ist möglich? Wie viel können wir herausholen? Wie viel springt für mich dabei heraus? Christen in Peru, im Kongo oder in China ticken anders als Christen in Österreich und Deutschland – oder in Polen und Kroatien. Mit Ungleichzeitigkeiten umgehen lernen, auf Gottes Geist hören, herausspüren, was er heute der Kirche sagen will, Synodalität einüben – das ist das pastorale wie theologische Anliegen von Papst Franziskus. Dabei die Einheit der Kirche zu (be-)wahren, der Gefahr einer Zersplitterung in Nationalkirchen zu wehren, hat für jeden Bischof von Rom hohe Priorität. Das Gespenst eines Schismas geht um. Es wurde gleichsam auf Welttournee geschickt.

»Versöhnte Verschiedenheit« ist indes nicht nur ein ökumenisches Anliegen: Es braucht sie – angstfrei – auch in der universalen Kirche, die ja als *Global Player* auftritt – als Kontrapunkt und Gegengewicht zur offenen oder unterschwelligen Polarisierung[197]. Theologie, Liturgie, Pastoral muss es im Plural geben, mit allen damit verbundenen Möglichkeiten und Risiken. Karl Rahner prägte dafür den Begriff des »Tutiorismus des Wagnisses«[198]. Die durch das neuscholastische Schulsystem Ende des 19. Jahrhunderts geschaffene, mit dem Zweiten Vatikanum endgültig zerbröselte »Einheit« ist Geschichte. Auch wenn die Neuscholastik – zugegeben – ein weltweites Kommunikationssystem darstellte, das heute fehlt. Aber meinen Christen wirklich auf allen fünf Kontinenten dasselbe, wenn sie mit theologischen Begriffen operieren? Darüber müssen wir uns neu verständigen. Das Zweite Vatikanische Konzil kann dabei helfen: weil es den Geist des »Aggiornamento« atmete. Ähnlich müssen wir heute über die Bücher gehen, die Kirche à jour bringen, anstatt nur einer volkskirchlich geprägten Vergangenheit nachzutrauern, deren vermeintliche Stabilität auch viel mit Unterdrückung, Repression und dogmatischer Gleichschaltung zu tun hatte. Wer will dahin zurück?

In auffälligem Kontrast zu dem unvergleichlichen Autoritätsverlust der Kirche steht die Sehnsucht vieler Menschen nach Sinn, nach einem »guten Leben«, nach Antworten, die über den Tag hinausreichen. Der Jesuit Alfred Delp (1907–1945), wenige Monate vor Kriegsende am 2. Februar 1945 in Berlin-Plötzensee vom NS-Regime hingerichtet, hat es während der Haftzeit 1944/45 in die prägnante Formel gebracht: »Es geht nicht ohne ein Minimum an allgemeiner Hingabe an die Transzendenz«, oder, noch kürzer: »Es geht nicht ohne ein Minimum von Transzendenz.«[199] Wollte das Konzil etwas Anderes aussagen?

Wenn ein Kurienkardinal Joseph Ratzinger, wenn ein Papst Benedikt XVI. vom »Geist« des Konzils sprach und dabei auch den »Ungeist« des Konzils ausmachte, hatte und hat das ein anderes Gewicht, als wenn etwa der Bischof von Innsbruck oder Feldkirch Hoffnungszeichen oder Krisensymptome aufspüren. Mir hallt die Warnung von Otto Hermann Pesch nach: »Es wäre eine Illusion, zu glauben, man bräuchte nur diesen oder jenen Text aus dem Zweiten Vatikanischen Konzil zu zitieren, und man hätte die Lösung für das zur Debatte stehende Problem. Dies geht schon aus dem erläuterten ersten Grund nicht, dass das Konzil die heutige Situation noch gar nicht im Blick hatte, nicht einmal in der Pastoralkonstitution *Gaudium et spes* ›Über die Kirche in der Welt von heute‹. Man kann also, fragt man nach ›Impulsen‹ des Konzils, nur auf die grundlegenden Perspektiven, vor allem auf das neue, erneuerte und natürlich auch vertiefte Kirchenbild zurückgreifen, um von dort abzuleiten, wie mit der Vertrauenskrise von heute umzugehen ist.«[200]

Dieser Hinweis wirkt auf mich wie ein Wegweiser. Johannes XXIII. wollte ja gerade keine Verurteilungen auf dem Konzil. Dass ihm ein Pastoralkonzil vor Augen schwebte, bedeutet jedoch nicht, dass die Beschlüsse des Zweiten Vatikanums deswegen eine geringere Verbindlichkeit besäßen als die Dokumente vorangegangener Konzilien. Der »Geist« des Konzils steckt nicht in einer fiktiven Flasche, sondern in seinen Texten, zu deren Lektüre und Studium immer wieder einzuladen ist.

Die sechzehn, zwischen 1962 und 1965 verabschiedeten Texte gelten. Bemerkenswert ist, dass sämtliche Konzilsdokumente mit weit über die erforderliche Zwei-Drittel-Mehrheit hinausreichenden Mehrheiten zustande kamen, welche von der Geschäftsordnung her genügt hätte: »Dennoch bemühten sich sowohl die beiden Konzilspäpste als auch die meisten Konzilsväter – in bewusster Abgrenzung zum Ersten Vatikanischen Konzil und in Anknüpfung an altkirchliche Praxis – um einen größtmöglichen Konsens. Infolgedessen berücksichtigte man Einwände einer kleinen, hartnäckig agierenden Minderheit so lange, bis der konziliare *consensus unanimis* (die einmütige Zustimmung) faktisch bei allen Konzilsdokumenten erreicht war. Kein Dokument wurde mit weniger als 96 % verabschiedet, in der Regel lag die Zustimmung bei über 99 %. Das hat dazu geführt, dass das Konzilsergebnis in allen Teilkirchen der Welt sofort Zustimmung gefunden hat. Auch das ist einmalig, jedenfalls, was die Konzilien der Neuzeit betrifft.«[201] Umso überraschender, ja widersprüchlicher ist es, dass nach wie vor versucht wird, Konstitutionen, Erklärungen und Dekrete gegeneinander auszuspielen.

»Sacrosanctum Concilium«, die Konstitution über die heilige Liturgie (4. Dezember 1963), »Lumen gentium«, die Dogmatische Konstitution über die Kirche (21. November

1964), »Dei Verbum«, die Dogmatische Konstitution über die göttliche Offenbarung (18. November 1965) und »Gaudium et spes«, die Pastorale Konstitution über die Kirche in der Welt von heute (7. Dezember 1965) sind sicher die schwergewichtigsten Texte. Die neun »Dekrete« sind zwar keine Konstitutionen, aber nicht minder bedeutsam: »Inter mirifica« über die sozialen Kommunikationsmittel (4. Dezember 1963), »Orientalium Ecclesiarum« über die katholischen Ostkirchen und »Unitatis Redintegratio« über den Ökumenismus (21. November 1964), »Christus Dominus« über die Hirtenaufgabe der Bischöfe und »Optatam totius« über die Ausbildung der Priester und »Perfectae Caritatis« über die zeitgemäße Erneuerung des Ordenslebens (28. Oktober 1965), »Apostolicam actuositatem« über das Laienapostolat (18. November 1965), »Presbyterium ordinis« über Dienst und Leben der Priester und »Ad gentes« über die Missionstätigkeit der Kirche (7. Dezember 1965). Auch die drei »Erklärungen« dürfen, nur weil sie einem anderen Genus litterarium angehören, nicht geringgeschätzt werden. »Gravissimum educationis« über die christliche Erziehung und »Nostra aetate« über das Verhältnis zu den nichtchristlichen Religionen (28. Oktober 1965) sowie »Dignitatis humanae« über die Religionsfreiheit (7. Dezember 1965).

Vor Jahren, im November 2011, habe ich in einem Editorial eine rhetorische Frage gestellt: »Darf man um einzelne der 16 zwischen 1962 und 1965 verabschiedeten Texte feilschen wie im Basar?«[202] Im Hintergrund stand die durch Benedikt XVI. gewährte Aufhebung der Exkommunikation von vier schismatischen Bischöfen der Priesterbruderschaft St. Pius X. (»Piusbruderschaft«).

Deren Gründer Erzbischof Marcel Lefebvre (1905–1991) war seit 1988 wegen unerlaubter Bischofsweihen exkommuniziert. 1970 hatte er aus Protest die Piusbruderschaft gegründet. Während des Konzils (1963) gründete er zusammen mit den Kardinälen Alfredo Ottaviani, Ernesto Ruffini, Giuseppe Siri, Francis Spellman, Michael Browne und anderen aus Enttäuschung über den Verlauf des Konzils die Vereinigung »Coetus Internationalis Patrum«. Sie wurde zum Sammelbecken für ca. 250 konservative bis restaurative Konzilsväter, denen es (als überschaubare Minderheit) gelang, immer wieder Abänderungen an Texten zu erzwingen. Lefebvre opponierte nach dem Konzil jahrelang gegen den Vatikan, weil ihm das Konzilsdekret über den Ökumenismus, die beiden Erklärungen zu den nichtchristlichen Religionen und zur Religionsfreiheit sowie die Liturgiekonstitution zu weit gingen. Die Kirche, so sein Mantra, gebe damit jeden Wahrheitsanspruch auf. Die auf dem Konzil gestärkte Kollegialität der Bischöfe stand für ihn im Widerspruch zur päpstlichen Unfehlbarkeit, die Einrichtung von Bischofskonferenzen wiederum empfand er als Einschränkung der bischöflichen Vollmacht. Gewissens- und Religionsfreiheit trügen zur Relativierung bei. Konsequenterweise lehnte er später das Weltgebetstreffen der Religionen in Assisi (1986) strikt ab[203]. Das heute gültige und verbindliche Messbuch, das als Folge des Konzils am Ersten Adventsonntag 1969 in Kraft trat und 2002 eine dritte Edition erlebte, akzeptierte er ebenfalls nicht und bestand darauf, weiterhin das »Missale Romanum« Papst Pius' V. von 1570 (33. Auflage 1959) zu verwenden. Der »Novus Ordo Missae« galt ihm nicht nur als Verrat an der Tradition, sondern als Teufelswerk. Man muss klar sehen, dass das Festhalten am Alten Ritus bzw. an der »alten« Liturgie auch die Spendung aller Sakramente in diesem Ritus bedeutet. Es geht keineswegs nur um die Feier der Messe auf Latein. Die Fundamentalopposition der Piusbruderschaft zielt auf die Substanz des Konzils.

Die Aufhebung der Exkommunikation von 1988 im Jahr 2009 erfolgte, ohne dass die betroffenen Bischöfe oder die Piusbruderschaft zuvor ein eindeutiges Bekenntnis zu den Beschlüssen des Zweiten Vatikanums abgegeben hätten. Ganz abgesehen davon, dass im Nachhinein bekannt wurde, dass einer der Bischöfe (Richard Williamson) ein Holocaust-Leugner ist, der später wegen Volksverhetzung strafrechtlich verurteilt wurde. Zuvor hatte Benedikt XVI. mit seinem am 7. Juli 2007 veröffentlichten Apostolischen Schreiben »Summorum pontificum« über den Gebrauch der Römischen Liturgie in der Gestalt vor der Reform von 1970[204] schon viel Staub aufgewirbelt und Teile des Weltepiskopats irritiert[205]. Denn die vorkonziliare Liturgie war damit aufgewertet – mit fatalen Folgen, weil damit z. B. auch die alte Karfreitagsfürbitte, die von den »perfiden Juden« spricht, wieder zugelassen war, was Benedikt XVI. umgehend korrigieren musste, um nicht in einen offenen Widerspruch zum Zweiten Vatikanum zu geraten.

Nein, das Zweite Vatikanische Konzil darf und kann nicht zur »Verhandlungsmasse« werden, um restaurative Katholiken, die an einem durch das Konzil überwundenen Kirchenbild festhalten, oder altritualistische Vagantenbischöfe und ihre traditionalistischen Splittergruppen »ins Boot zurückzuholen«. So war es von Benedikt XVI. wohl gemeint, und der Schuss ging nach hinten los.

»Zugeständnisse in einzelnen Formulierungen sind das eine – schon das wäre schlimm genug und letztlich ein Ausverkauf«, so meine Warnung vor taktischen Manövern im November 2011, »einmal abgesehen von der ständigen herabwürdigenden Alltagsrhetorik der Piusbrüder, die seit 1962 überall nur Verfall wittern. Die andere Frage ist der ›Geist des Konzils‹: Sie kann nicht durch eine intellektuelle Wortakrobatik wie ›Hermeneutik der Reform‹ bzw. ›der Kontinuität‹, von welcher der Papst wiederholt gesprochen hat, gelöst werden.«[206] Das Konzil wäre damit direkt oder indirekt »Verhandlungsmasse«, wie ich schon früher, im Oktober 2009, befürchtete, als ich fragte: »Kann man etwa zum Beispiel die Erklärung über die christliche Erziehung anerkennen, aber die Erklärungen über die Religionsfreiheit ›Dignitatis humanae‹ und über das Verhältnis der Kirche zu den nichtchristlichen Religionen ›Nostra aetate‹, das Ökumenismusdekret ›Unitatis redintegratio‹ oder die Pastoralkonstitution ›Gaudium et spes‹ dezidiert ablehnen? Man darf zwar nicht, aber man kann – so jedenfalls die öffentliche Wahrnehmung.«[207] Nach wie vor bin ich davon überzeugt: »Nichts, auch nicht nur ein einziger Text ist also aufgebbar! Gegen eine schleichende Aushöhlung und Demontage des Zweiten Vatikanums und gegen spitzfindige Umdeutungen kann nur der Papst selbst einschreiten (…). Das legitime Anliegen des Papstes ist und muss die Einheit der Kirche sein – aber um welchen Preis? Auch um den Preis, das Konzil abzuwerten oder halbieren zu lassen?«[208]

Dass solche Fragen nicht aus der Luft gegriffen sind, zeigten auch Studien, die in genau diese Richtung arbeiteten, fast schien es: in Auftrag gegeben wurden. Ein Musterbeispiel wurde für mich Florian Kolfhaus, der drei für die Piusbruderschaft absolut inakzeptable Konzilstexte (»Unitatis redintegratio«, »Dignitatis humanae« und »Nostra aetate«) in seiner römischen Doktorarbeit analysierte und zu dem Schluss kam, dass ein »Pastoralkonzil« keine wirklich und wirksam dogmatisch verbindliche Lehre habe vortragen können und wollen: »Es stellt sich am Ende heraus, dass man keine Lehrdokumente mit dem Ziel, Wahrheit festzustellen und zu verteidigen, verfassen wollte. Es entstanden Texte, die Richtlinien für das praktische Leben vorstellen, wobei diese mit Lehrelementen aus der katholischen Doktrin begründet werden, weil eine Praxis, die nicht in der Lehre gründet, keine Pastoral ist.«[209] Kirchenpolitisch brisant ist die Behauptung: »Hier geht es um pastorale Lehrverkündigung im Dienst einer bestimmten Praxis, nicht um die Ausübung des Magisteriums als Feststellung von Wahrheit.«[210] »Man kann also«, stellte ich damals in meiner Rezension fest, »auch katholisch sein, wenn man die Religionsfreiheit, die Ökumene und den Dialog mit den nichtchristlichen Religionen ablehnt«[211] und sie zu erbaulichen – mit der Zeit gar überholten? – Texten herabstuft.

Otto Hermann Pesch machte geltend, dass eine rein formale Berufung auf das letzte Konzil nicht genügt, um seinen Geist wahrhaftig und glaubhaft wiederzugeben: »Und eine einfache Zitation des Konzils verbietet sich auch schon deswegen, weil ja, und das ist hinreichend in der Forschung auch aufgearbeitet, das Konzil immer wieder zu Kompromissen gezwungen war zwischen der überwältigenden Mehrheit der nach vorn blickenden Bischöfe und den kleinen, aber aktiven konservativen Gruppen, um möglichst bösartige Kampfabstimmungen und nachfolgende Auseinandersetzungen zu vermeiden. Man kann hier gern an den bekannten Scherz erinnern: Was ist ein Kamel? Antwort: Das, was herauskommt, wenn eine Kommission den Auftrag erhält, ein Pferd zu konstruieren! Die Folge: Je nachdem, mit welcher Zielrichtung im Umgang mit dem Konzil man folgt, hat man immer jeweils ›seine‹ Texte – oft nur in Parenthesen –, auf die man sich berufen kann, und ist man anderer Meinung, dann kann man das nur dartun durch eine mühselige Analyse des endgültigen Textes im Rückblick auf seine Entstehungsgeschichte und den darin aktenkundigen Willen der überwältigenden Mehrheit der Konzilsväter.«[212]

Das Zweite Vatikanum gibt es folglich nur als »Gesamtpaket«. Man kann es nicht filetieren. In der Liturgie wurde die aktive Teilnahme aller Gläubigen schlagend, die nicht weiter passiv einer Messe beiwohnen sollten, ganz abgesehen davon, dass das Latein von den wenigsten verstanden wurde. Soziale Kommunikationsmedien wurden zur Verwendung in der Verkündigung empfohlen. Zum alten, klerikal-hierarchischen, von oben nach unten gegliederten Kirchenbild trat ein neues Verständnis von Kirche, das von der gemeinsamen Sendung aller in Taufe und Firmung ausgeht (»Volk Gottes«, »Gleichheit der Glieder der Kirche«, »gemeinsames Priestertum aller Gläubigen«, »Dienstfunktion der Ämter« sind Stichworte dafür). Das Verständnis von Katholizität war auf die lateinisch geprägte Kirche konzentriert und wurde durch das Konzil auf die mit Rom unierten Ostkirchen ausgeweitet, womit historisch gewachsene Vielfalt in den Riten gewürdigt wurde. Kirche ohne Ökumene kann es nicht geben, auch andere christliche

Kirchen und kirchliche Gemeinschaften kennen Wahrheit. Die völlig neue Sicht auf nichtchristliche Religionen, speziell das neue Verhältnis zum Judentum, ist ein echter Meilenstein des Konzils, ohne dass Zwistigkeiten und Feindschaften der Geschichte deswegen in Abrede gestellt wären. Offenbarung wird von der Selbstmitteilung Gottes her verstanden, die Heilige Schrift, Tradition und Lehramt werden als aufeinander ausgerichtet gesehen, wobei der historisch-kritischen Methode in der Bibelwissenschaft eine besondere Rolle zukommt. Kirche will (nach »Gaudium et spes«) »die Zeichen der Zeit im Licht des Evangeliums deuten« (GS), Kirche ist selber eine lernende, nicht nur eine lehrende und belehrende Kirche – eine durchaus revolutionäre Neubestimmung ihres Verhältnisses zur Welt, die sie zuvor (etwa die Demokratie) abgelehnt hat. Die Kirche anerkennt weltanschaulichen Pluralismus und begründet das von der unbedingten Menschen- und Personwürde her, die in der Offenbarung grundgelegt ist. Die Kirche ist außerdem wesentlich missionarisch …

In all dem – und das war soeben nur eine Charakterisierung im Stenogrammstil – steckt der »Geist des Konzils«. Er kann nicht auf Buchstaben oder einzelne Formulierungen und Texte reduziert werden. Die Frage war und bleibt: Wollen wir eine solche Kirche? Die Alternative zur »Schleifung der Bastionen« (Hans Urs von Balthasar) besteht in theologischer Abschottung und menschenverachtender Ausgrenzung.

Dass etliche Bilder, etwa die Metapher vom »pilgernden Volk Gottes« und der Kirche als ewigem »Mysterium«, unverbunden nebeneinanderstehen, ist eine Tatsache. Das war gewollt, es ist kein Zufall. Das hat in den letzten sechzig Jahren unbestritten Schwierigkeiten und Konflikte erzeugt. Mit ihnen müssen wir weiter umgehen (lernen). Und den »Geist des Konzils« neu entdecken, erschließen und für gegenwärtige Problemlagen fruchtbar machen. Nie lässt sich alles in einem Bild, in einem Begriff, in einem Wort aussagen. Nicht ohne Grund haben wir vier Evangelien, nicht ein einziges – weil sich auch der »Geist Jesu«, seine Gesinnung, nicht in einem einzigen Evangelium ausdrücken oder einfangen lässt.

Dass jeden Tag auf dem Konzil vor einer Generalkongregation (Arbeitssitzung) auf einem Altar als »normierende Norm« des Glaubens und Denkens ein Evangeliar inthronisiert wurde, war nicht nur ein schönes Zeichen[213]. Die Konzilsväter seinerzeit und wir heute wurden und werden damit daran erinnert, dass jede Debatte, jede Auseinandersetzung, jedes Ringen um den Weg der Kirche sich am Evangelium auszurichten und zu orientieren hat. Das Wort Gottes bewahrt uns davor, die eigenen Worte, die eigenen Denkbewegungen für absolut zu halten. Auch ein Papst, auch das Kollegium der Bischöfe unterstehen dem Wort Gottes.

Geradezu anachronistisch wirkt es heute, dass auf dem Konzil wiederholt »eine höhere Autorität« ins Spiel gebracht wurde, um zu insinuieren, der Papst hätte dies oder jenes veranlasst, obwohl es dabei um ganz bestimmte Interessen ganz bestimmter Kreise (etwa der Kurie) ging. Sowohl Johannes XXIII. als auch Paul VI. waren sich sehr bewusst, dass sie Hörende – auf das Wort Gottes – sind.

Mario von Galli soll am Ende dieses Kapitels das Wort haben: »Ich will mich nicht in Gegensatz stellen zu den zahlreichen Konzilstheologen (…), die beim Abschluss der vierten Session vor allen Simplikatoren warnten, die das ganze Konzil unter ein einziges Leitwort stellen wollten, zum Beispiel ›Öffnung zur Welt‹ oder ›charismatisch statt juridisch‹ oder ›ökumenisch‹ und dergleichen mehr. Selbst Papst Paul VI., ein ordnender Geist, hat schließlich auf die Charakterisierung des Konzils mit einem einzigen Stichwort verzichtet.«[214] Zwar erinnert Galli daran, dass Paul VI. das Wort »Dialog«, das er bereits in seiner ersten Enzyklika verwendete, sehr wichtig war. Aber es geht genau nicht um Schlagworte, ganz abgesehen davon, dass Paul VI. auch »Grenzen des Dialogs« benannte.

Der »Geist des Konzils« ist kein Phantom, dem wir heute hinterherjagen müssen. Manche, so Galli, meinten ohnehin, »dass es so etwas wie den ›Geist des Konzils‹ überhaupt nicht gegeben habe, sondern dass alles mehr oder weniger von Fall zu Fall ein ›Ermessen‹ gewesen sei. Daran ist richtig, dass sich nicht geschlossene theologische Systeme in diesem Konzil gegenüberstanden. Natürlich gibt es auch heute noch – wenn auch vielleicht weniger deutlich als in früheren Zeiten – theologische ›Schulen‹, die im wesentlichen zwar alle katholisch sind, aber je nach ihrem System in vielen ›Erklärungen‹ und auch praktischen ›Folgerungen‹ weit auseinandergehen. Jedoch nicht das ist mit dem ›Geist des Konzils‹ gemeint. Ein Konzil will in solche *Schul*streitigkeiten nicht eindringen.«[215] Was dann? Es ging dem Konzil gerade nicht darum, Schulmeinungen zu sortieren, auszuscheiden oder neue zu etablieren: »Ist ein Konzil einmal abgeschlossen«, so Galli, »geht es nicht mehr um völlig frei debattierbare Dinge, sondern um die Haltung der

Gesamtkirche, um den ›offiziellen Kurs‹. (…) Wenn es sich also bei den lehrhaften Aussagen und noch weniger bei den disziplinären Vorschriften des Konzils auch nicht um irreparable Festlegungen handelt, so ist doch weder Bischof noch Priester noch Laie unbehindert frei, gegen sie Stellung zu nehmen, ja, er muss sogar über sie hinausgehen, sofern dies der ›Geist‹, der aus ihnen spricht, erfordern sollte, damit er das erreicht, was sie beabsichtigen. Es kann sehr gut sein, dass aus besonderen Gründen ein Bischof oder auch eine Bischofskonferenz gewisse Konzilsvorschriften in ihrem Bereich nur schrittweise durchführen, aber durchaus vom ›Geist‹ des Konzils erfüllt sind. Umgekehrt kann sich jemand an alle strengen Vorschriften halten, sich aber trotzdem dem ›Geist‹ entgegenstemmen. Das zeigt erneut die Wichtigkeit, sich über den Geist des Konzils, seine Grundtendenzen klarzuwerden.«[216]

Die einzelnen Konzilsdokumente, so Martin Leitgöb CSsR, »basieren nicht einfach auf einem Traditionsbruch. In einem Bild formuliert: Man hat das Haus der Kirche auf dem Konzil nicht abgerissen und an einer anderen Stelle ganz neu aufgebaut. Aber es ging darum, eine grundlegende Renovierung (Reform) vorzunehmen, welche auch beinhaltete, dass manche Zugänge und Fenster an diesem Haus freigelegt und andere ganz neu geschaffen wurden. (…) Wer vom ›Geist des Konzils‹ spricht, darf also Neues und Altes, Fortschritt und Tradition, Reform und Kontinuität nicht einfach gegeneinander ausspielen.«[217]

Papst Franziskus, der das Konzil nur aus der Geschichte kennt, sagte am 6. Mai 2016 in der *Sala Clementina* des Vatikans, wo ihm der Karlspreis überreicht wurde: »Wenn es ein Wort gibt, das wir bis zur Erschöpfung wiederholen müssen, dann lautet es Dialog.«[218] Man kann dieses Wort aus seinem Kontext lösen und auf die Kirche nach dem Zweiten Vatikanischen Konzil anwenden: Ohne Dialog mit der Welt kann Kirche nicht sein. Wer sich als dialogunfähig erweist, wer den Dialog verweigert, wer Dialog für ein unverbindliches Gerede hält, hat vom »Geist des Konzils« nichts verstanden. Weltreligionen, Weltfrieden, Weltklima: Diese Themen gehören zur Agenda von Franziskus. Das Gespräch darüber, der Dialog, mag in den Augen mancher Kreise nicht die primäre Aufgabe eines Papstes sein. Papst Franziskus sieht aber sehr klar, dass Kirche sonst nur um sich selbst kreist – und eine solche Kirche hat er im Vorkonklave »krank« genannt. Der Papst aus Argentinien ist ein »Kind des Konzils«, weil er sich den »Geist des Konzils« zu eigen gemacht und internalisiert hat.

8.

Papst Franziskus:
ein Kind des Konzils – und sein Wächter

»Ich bin der erste Papst, der nicht am Konzil teilgenommen hat, und der erste, der erst nach dem Konzil Theologie studiert hat. Damals war Paul VI. für uns das große Licht. Für mich ist *Evangelii nuntiandi* ein unübertroffenes Pastoraldokument.«[219] 1958 in die Gesellschaft Jesu eingetreten, studierte er nach dem zweijährigen Noviziat ab 1960 in Chile und Argentinien zuerst Philosophie, die er mit einem Lizentiat abschloss, und absolvierte verschiedene ordensübliche Praktika. 1964/65 unterrichtete Jorge Mario Bergoglio als junger Jesuit Literatur und Psychologie, zuerst in Santa Fe, dann in Buenos Aires, bevor er im *Collegio Máximo San José* von San Miguel (dessen Rektor er von 1980 bis 1986 werden sollte) in der Metropolitanregion Buenos Aires das Theologiestudium aufnahm (1967/70). Am 13. Dezember 1969 wurde er zum Priester geweiht. Der letzte Ausbildungsabschnitt führte ihn nach Europa. In Alcalá de Henares (Spanien) machte er das mehrmonatige Tertiat: Voraussetzung für die Ablegung der feierlichen Letzten, d. h. ewigen Gelübde (22. April 1973). 1972/73 war er Novizenmeister, 1973 wurde er überraschend zum Provinzial der argentinischen Jesuitenprovinz ernannt.

Immer wieder beruft sich dieser Papst auf das Zweite Vatikanum und kommt darauf zu sprechen. Im allerersten längeren Interview (im August 2013 mit Antonio Spadaro SJ) stellte er unmissverständlich klar: »Das Zweite Vatikanum war eine neue Lektüre des Evangeliums im Licht der zeitgenössischen Kultur. Es hat eine Bewegung der Erneuerung ausgelöst, die aus dem Evangelium selbst kommt. Die Früchte waren enorm. Es reicht, an die Liturgie zu erinnern. Die Arbeit der Liturgiereform war ein Dienst am Volk, wie eine neue Lektüre des Evangeliums, ausgehend von einer konkreten historischen Situation. Ja, da gibt es Linien, die auf eine Hermeneutik der Kontinuität und eine der Diskontinuität hinweisen. Aber eines ist klar: Die Dynamik der aktualisierten Lektüre des Evangeliums von heute, die dem Konzil eigen ist, ist absolut unumkehrbar.«[220] Als er am 27. April 2014 Johannes XXIII. und Johannes Paul II. gemeinsam heiligsprach, sagte er in seiner kurzen Predigt: »In der Einberufung des Konzils hat der heilige Johannes XXIII. eine feinfühlige *Folgsamkeit gegenüber dem Heiligen Geist* bewiesen, hat sich führen lassen und war für die Kirche ein Hirte, ein geführter Führer, geführt vom Heiligen Geist. Das war sein großer Dienst an der Kirche; darum denke ich gerne an ihn als den *Papst der Folgsamkeit gegenüber dem Heiligen Geist.*«[221]

Hans Küng, der sich nach der Papstwahl im April 2005 an den neuen Papst – den er seinerzeit als Dekan von Münster auf eine Professur nach Tübingen lockte – gewandt hatte, wurde von Benedikt XVI. im August 2005 in Castel Gandolfo empfangen. Nach dem Verlust seiner Lehrbefugnis im Dezember 1979 ein veritabler Überraschungscoup (von beiden Seiten)[222]. Nach anfänglicher Zuversicht war er vom Verlauf des Pontifikats des bayerischen Papstes zunehmend enttäuscht. Regensburg, Istanbul, Konstantinopel, Aparecida (Brasilien) und Washington, damit verbundene »Pannen«, sowie die Vatileaks-Affäre stehen dafür. Mit der Wahl von Papst Franziskus schöpfte Küng noch einmal Hoffnung[223] und traute diesem, wie seinerzeit unter Johannes XXIII., einen »Paradigmenwechsel«[224] zu.

Ähnlich geht es dem hochbetagten »Konzilsstenographen«: Helmut Krätzl vergleicht Franziskus »in seiner Menschlichkeit, Natürlichkeit und Entschlossenheit«[225] mit dem »papa buono«. Dass beide, Roncalli wie Bergoglio, im 77. Lebensjahr gewählt wurden, in einem Alter also, in dem andere bereits jahrelang ihren Ruhestand genießen können, ist nur eine oberflächliche Gemeinsamkeit. Zwar hat auch Franziskus anfangs mit einem kurzen Pontifikat gerechnet. Einer mexikanischen Journalistin gegenüber meinte er im März 2015: »Ich habe das Gefühl, mein Pontifikat wird von kurzer Dauer sein. Vier oder fünf Jahre. Ich weiß nicht, oder zwei oder drei. Na ja, zwei sind schon vorbei. Das ist so ein vages Gefühl.«[226] Er irrte mit seiner Prognose. Mittlerweile hat bereits sein zehntes Amtsjahr begonnen. Inhaltlich gibt es allerdings unübersehbare Parallelen zwischen den beiden Päpsten.

Krätzl setzt große Hoffnung auf ihn: »Papst Franziskus ist für mich der dritte Papst, der sich mit den Konzilsaussagen intensiv auseinandergesetzt hat. Johannes XXIII. hat das Konzil mutig ausgerufen, Paul VI. hat es weiter- und mühsam zu Ende geführt. Johannes Paul II. und Benedikt XVI. haben dagegen versäumt, die Erneuerung nach dem

Konzil konsequent voranzubringen, ja sie haben auch manches verzögert oder sogar zurückgenommen. Franziskus dagegen weist auf Versäumnisse hin und drängt zu verwirklichen, was noch fehlt. Mit großer Spannung und voller Hoffnung verfolge ich daher den Kirchenkurs des jetzigen Papstes. Nach so vielen Jahren meines Priesterlebens erweitert Papst Franziskus noch einmal mein Kirchenbild, rechtfertigt mein unermüdliches Bemühen, das Konzil immer wieder in Erinnerung zu bringen, und bestärkt mich darin, weiterhin aufzuzeigen, was ›am Sprung‹ des Konzils gehemmt und gebremst wurde, und die noch ausstehende Erneuerung anzumahnen.«[227]

Abgesehen von der für einen römisch-katholischen Bischof nicht selbstverständlichen Kritik an Johannes Paul II. und Benedikt XVI. kann man hier sehen: Es geht nicht darum, ständig an das Konzil zu erinnern. Es geht darum, sein Potential zu nutzen – was Franziskus, der ähnlich bildreich wie seinerzeit Johannes XXIII. spricht, auch inhaltlich tut: Das Instrument der Synode ist für ihn ein Erbe – und eine Verpflichtung – des letzten Konzils!

Bereits ein Jahr vor der Heiligsprechung von Johannes XXIII. meinte Franziskus vor Pilgern aus dessen Heimatdiözese Bergamo am 3. Juni 2013: »Fünfzig Jahre nach seinem Tod sind die weise und väterliche Führung durch Papst Johannes, seine Liebe zur Tradition der Kirche und das Wissen um die unablässige Notwendigkeit des ›Aggiornamento‹, die prophetische Intuition der Einberufung des II. Vatikanischen Konzils und das Opfer seines eigenen Lebens für dessen gutes Gelingen weiterhin Meilensteine in der Geschichte der Kirche des 20. Jahrhunderts und ein klarer Orientierungspunkt für den Weg, der vor uns liegt.«[228]

In einem Interview mit Stefania Falasca von der Tageszeitung »L'Avvenire« gab er am 18. November 2016 eine Einschätzung ab, die aufhorchen ließ. Nicht nur, dass er das »Jubiläum der Barmherzigkeit«, das Außerordentliche Heilige Jahr 2015/16, erneut als konsequente Fortsetzung des Weges der Kirche seit dem Zweiten Vatikanum bezeichnete: »Das Jubiläum und der Ökumenismus sind Früchte des Konzils, aber es wird noch viel Zeit brauchen, um das Zweite Vatikanische Konzil voll zu erfassen«. Seit diesem Konzil habe die Kirche begonnen, »von einem bestimmten Legalismus« wegzukommen. Und mit Blick auf verschiedene, oft hyperkritische, um nicht zu sagen hysterische Kommentare zu seinem Nachsynodalen Schreiben »Amoris laetitia« (März 2016) meinte er: »Einige verstehen immer noch nicht, entweder weiß oder schwarz, auch wenn es doch im Fluss des Lebens selbst ist, dass man unterscheiden muss! Das Konzil hat uns das gesagt, doch die Historiker sagen, dass ein Konzil ein Jahrhundert braucht, um gut in den Körper der Kirche aufgenommen zu werden … Wir sind da auf der Hälfte.«[229]

Beginn und Ende des Jahres der Barmherzigkeit waren von ihm ganz bewusst gewählt, wie der mit 11. April 2015 datierten Verkündigungsbulle »Misericordiae vultus« (*Das Antlitz der Barmherzigkeit*) zu entnehmen ist: Der 8. Dezember ist nicht nur das Hochfest der Erwählung Marias. Dieser Eröffnungstermin stellte auch einen Zusammenhang mit dem Konzil und seinem Abschluss (1965) her: »Ich habe den 8. Dezember als Eröffnungstermin gewählt, weil er eine große Bedeutung in der jüngsten Kirchengeschichte hat. Ich werde nämlich die Heilige Pforte genau fünfzig Jahre nach dem Ende des II. Vatikanischen Ökumenischen Konzils öffnen. Die Kirche spürt das Verlangen, diesen Moment lebendig zu erhalten. Für sie begann damals ein neuer Weg in ihrer Geschichte. Die Konzilsväter hatten stark – wie ein wahres Wehen des Geistes – die Notwendigkeit verspürt, zu den Menschen ihrer Zeit in einer verständlichen Weise von Gott zu sprechen. Mauern, die die Kirche allzu lange in einer privilegierten Festung eingeschlossen hatten, wurden eingerissen, und die Zeit war gekommen, um das Evangelium auf neue Weise zu verkünden. Eine neue Verpflichtung für alle Christen, mit verstärktem Enthusiasmus und voller Überzeugungskraft Zeugnis für ihren Glauben abzulegen.«[230]

Bemerkenswert ist nun, dass Franziskus genau an dieser Stelle die beiden Konzilspäpste erwähnt: »Es kommen uns die bedeutungsschweren Worte des heiligen Johannes XXIII. in Erinnerung, die dieser bei der Eröffnung des Konzils gesprochen hatte und mit denen er dessen Richtung vorgab: ›Heute dagegen möchte die Braut Christi lieber das Heilmittel der Barmherzigkeit anwenden als die Waffen der Strenge. (…) Die katholische Kirche, während sie durch dieses ökumenische Konzil die Leuchte der katholischen Glaubenswahrheit hoch hält, will sich damit als eine sehr liebevolle, gütige und geduldige Mutter aller erweisen, voller Erbarmung und mit Wohlwollen für ihre Kinder, die von ihr getrennt sind‹. Auf der gleichen Linie liegt der selige Paul VI., als er zum Abschluss des Konzils feststellte: ›Wir wollen vielmehr unterstreichen, dass die Religion dieses Konzils die Nächstenliebe ist (…) Die uralte Erzählung vom barmherzigen Samariter wurde zum Paradigma für die Spiritualität dieses Konzils. (…) Eine Woge der Zuneigung und der Wertschätzung für die moderne Welt ging von diesem Konzil aus. Natürlich werden die Irrtümer abgelehnt, das verlangt die Verpflichtung zur Liebe und nicht weniger die Verpflichtung zur Wahrheit. Aber für die Menschen gibt es nur Ermutigung, Respekt und Liebe. Statt niederschmetternder Einschätzungen schlägt das Konzil ermutigende Heilmittel vor; statt dunkler Vorahnungen hat das Konzil Botschaften des Vertrauens an die zeitgenössische Welt gerichtet. Nicht nur wurden ihre Werte respektiert, sondern sogar geehrt und ihre Anstrengungen unterstützt und ihre Bestrebungen geläutert und gesegnet. (…) Und noch eine andere Sache wollen wir hier aufzeigen: All dieser doktrinäre Reichtum hat ein einziges Ziel, nämlich dem Menschen zu dienen. Und zwar dem Menschen, so dürfen wir sagen, in jeder Lebenslage, in all seinen Krankheiten und in all seinen Bedürfnissen‹.«[231]

Die Konzilseröffnungsrede »Gaudet Mater Ecclesia« gehört für Franziskus zum Themenspeicher bedeutender Texte, auf die er gern und oft zurückgreift. Es ist gerade kein Zufall, dass er daraus zitiert – um den neuen Tonfall wie den neuen Stil in Erinnerung zu bringen, den das Zweite Vatikanische Konzil einleiten sollte: Es wollte ja bekanntlich keine Verurteilungen (Anathemata) aussprechen. Alles sollte »im Rahmen und mit den Mitteln eines Lehramtes von vorrangig pastoralem Charakter« (*indoles praesertim pastoralis / carattere prevalentemente pastorale*)[232] geschehen.

Wenn Franziskus solche Worte aufgreift, ist das mehr als eine Pflichtübung oder eine Referenz für Vorgängerpäpste. Deutlich wird damit auch eine thematische Kontinuität: Das Thema Barmherzigkeit ist keine »Erfindung« dieses Papstes, auch wenn er es ins Zentrum seiner Verkündigung stellt und es zu den Schlüsselwörtern dieses Pontifikats gehört. Es geht Franziskus nicht nur um einen Stilwechsel, einen anderen Tonfall. Es geht ihm um den vom Konzil eingeleiteten Perspektivenwechsel, den er wieder aufgreift und den er mit »Gaudium et spes«, der Pastoralkonstitution des Konzils vom Dezember 1965, und mit dem Schreiben »Evangelii nuntiandi« (1975) verknüpft. Es ist kein Zufall, dass mehrere seiner eigenen Schreiben ebenfalls das Wort »Freude« im Titel tragen: »Evangelii gaudium« (November 2013), »Amoris laetitia« (März 2016), »Veritatis gaudium« (Dezember 2017) oder »Gaudete et exsultate« (März 2018)[233].

Rainer Bucher hat in Zusammenhang mit dem Thema Barmherzigkeit hellsichtig erkannt: Franziskus »konfrontiert seine Kirche mit ihrem letzten Konzil«. »Daraus«, so der Grazer Pastoraltheologe, »folgt viel. Aus dem konziliaren Ansatz des Papstes folgt der situative Vorrang der Orthopraxis vor der Orthodoxie. (…) Im Handeln der Kirche geht es zuerst darum, jeden Menschen aus der Perspektive Gottes anzuschauen, und sei dieser Mensch noch so weit entfernt von einem Leben nach kirchlichen Normen.«[234]

Der Zusammenhang Franziskus – Konzil ist folglich kein konstruierter. Er ist eine (sogar eher) unterschätzte Tatsache. Nicht von ungefähr hat Franziskus bald nach seiner Wahl am 16. April 2013 – es war zufällig der 86. Geburtstag seines Vorgängers Benedikt XVI. – die mangelhafte Umsetzung des Konzils angesprochen. In der Predigt seiner Morgenmesse, in der er ungeschützt oder ohne diplomatische Rücksichtnahme (zum Schrecken seiner Mitarbeiter in der Römischen Kurie) spricht – und verkündigt, sagte er: »Das Konzil war ein großartiges Werk des Heiligen Geistes. Denkt an Papst Johannes: Er schien ein guter Pfarrer zu sein, aber er war dem Heiligen Geist gehorsam und hat dieses Konzil begonnen. Aber heute, 50 Jahre danach, müssen wir uns fragen: Haben wir da all das getan, was uns der Heilige Geist im Konzil gesagt hat? In der Kontinuität und im Wachstum der Kirche, ist da das Konzil zu spüren gewesen? Nein, im Gegenteil: Wir feiern dieses Jubiläum und es scheint, dass wir dem Konzil ein Denkmal bauen, aber eines, das nicht unbequem ist, das uns nicht stört. Wir wollen uns nicht verändern und es gibt sogar auch Stimmen, die gar nicht vorwärts wollen, sondern zurück: Das ist dickköpfig, das ist der Versuch, den Heiligen Geist zu zähmen. So bekommt man törichte und lahme Herzen.«[235]

Das war eine (über-)deutliche Absage an eine – bei verschiedenen »Lostagen« der Jubiläumsjahre 2012 bis 2015 zutage getretene (und praktizierte) – Musealisierung des Zweiten Vatikanums und seiner Impulse. Der vielbeschworene, oft auch missbrauchte, jedenfalls ideologisch aufgeladene »Geist des Konzils« drängte ja gerade auf neue Zugangsweisen und Zugangswege zu alten Problemen. Es geht aber nicht nur um einen anderen Stil. Das auch, ja, denn die Kirche wurde jahrhundertelang oft nur als anmaßend, verbietend und verurteilend erlebt.

Von seinem ganzen Werdegang her, von seiner ordensinternen Ausbildung angefangen, ist Papst Franziskus ein

»Kind des Konzils«. Die Enge davor hat seine Jugendtage und die Jahre des jungen Erwachsenen bestimmt. Auch die ersten Jahre im Orden, in denen er sich erst durch das Zweite Vatikanum aufgefordert sah, »zurück zu den Quellen« zu finden und asketisch-monastische Formen, die gerade nicht typisch für Jesuiten waren, kritisch zu hinterfragen oder aufzugeben. Spannungsfrei ging das nicht über die Bühne. Als Provinzial war Jorge Mario Bergoglio auf der 32. Generalkongregation 1974/75 dabei, die auch die konziliare »Option für die Armen« aufnahm und zur »vorrangigen Option« (*optio praeferentialis pro pauperibus*) erklärt. Gerade in Mittel- und Lateinamerika hat sie zu Konflikten, teils sogar zur Spaltung ganzer Ordensprovinzen geführt.

Franziskus ist aber nicht nur biographisch gesehen ein »Kind des Konzils«, also aus dem Konzil geboren. Als Bischof von Rom ist er auch sein oberster Wächter geworden. Und er verteidigt dieses Jahrhundertereignis vehement, vielleicht sogar konsequenter, als dies ein ehemaliger Konzilsteilnehmer tun könnte (bzw. konnte). Zum Abschluss der Familiensynode am 24. Oktober 2015 hielt er eine kurze Dankesrede. Wer den früheren Duktus solcher Ansprachen gewohnt war, musste über die folgende Bemerkung staunen und stolpern: »Liebe Mitbrüder, die Erfahrung der Synode hat uns auch besser begreifen lassen, dass die wahren Verteidiger der Lehre nicht jene sind, die den Buchstaben verteidigen, sondern die, welche den Geist verteidigen; die nicht die Ideen, sondern den Menschen verteidigen; nicht die Formeln, sondern die Unentgeltlichkeit der Liebe Gottes und seiner Vergebung. Das bedeutet keineswegs, die Bedeutung der Formeln – sie sind notwendig! –, der Gesetze und der göttlichen Gebote zu schmälern, sondern die Größe des wahren Gottes zu preisen, der an uns nicht nach unseren Verdiensten und auch nicht nach unseren Werken, sondern *einzig* nach dem unbegrenzten Großmut seiner Barmherzigkeit handelt (…). Die erste Pflicht der Kirche ist nicht die, Verurteilungen und Bannflüche auszuteilen, sondern jene, die Barmherzigkeit Gottes zu verkünden, zur Umkehr aufzurufen und alle Menschen zum Heil des Herrn zu führen.«[236]

Das könnte auch Papst Johannes XXIII. gesagt haben! Und er hat es – in seiner Konzilseröffnungsansprache. Franziskus steht zum Zweiten Vatikanischen Konzil, es gibt für ihn kein dahinter Zurück – weder stilistisch noch inhaltlich. Damit ist er für manche Kreise zum Feind geworden. Seine ebenso unkonventionelle wie ungewohnte Amtsführung, sein einfacher Lebensstil, seine offensichtliche Abneigung gegen jede Art von barockem Pomp oder den höfischen Stil, wie er jahrhundertelang im Vatikan gang und gäbe war, ist ein weiterer Stein des Anstoßes: So etwas, war oft zu hören, macht ein Papst nicht! So etwas sagt ein Papst nicht! So etwas tut ein Papst nicht! So reagiert ein Papst …!

Wer sagt das? Wer schreibt ihm das vor? Im Jahr 2015 sagte er einem argentinischen Journalisten: »Es ist wahr, ich stehe hier im Ruf, ›undiszipliniert‹ zu sein«, ich befolge kaum das Protokoll. Das Protokoll ist etwas sehr Kaltes, auch wenn es offizielle Dinge gibt, an die ich mich streng halte.«[237] Und er machte mehrmals deutlich, dass man von einem Menschen, der mit 77 Jahren in dieses Amt komme, nicht erwarten könne, dass er seine Gewohnheiten ablege und einen völlig neuen Stil erlernen kann – nur weil er Papst ist. Das müsste auch den Papstwählern bewusst gewesen sein – wie seinerzeit bei Angelo Roncalli, der zwar weniger Widerstand gegenüber dem Protokoll wagte, aber eben, zur Überraschung (und Enttäuschung) vieler im »Apparat«, das Konzil »verbrochen« hat.

Es gibt eine weitere, hoch spannende und sehr bezeichnende Verbindung, die Franziskus zu einem echten »Kind des Konzils« macht – und es geht dabei nicht um eine konstruierte Wunschvorstellung: der sogenannte Katakombenpakt. Dabei handelte es sich um eine »Selbstverpflichtung« von zunächst rund vierzig Bischöfen auf dem Konzil, denen sich später Hunderte weitere Bischöfe anschlossen. Am 16. November 1965, also keine vier Wochen vor Abschluss des Konzils am 8. Dezember 1965, trafen sie sich in den Domitilla-Katakomben an der Via Adreatina, wo zuvor schon Paul VI. zum Auftakt der vierten und letzten Sitzungsperiode des Konzils am 12. September 1965 eine Messe gefeiert hatte. Die Bischöfe versprachen, sich künftig um einen anderen Führungs- und einen einfachen Lebensstil zu bemühen, freiwillig auf jeglichen Pomp und bischöfliche Privilegien zu verzichten und die Armen in den Mittelpunkt ihrer pastoralen Hirtensorge zu stellen. Zu den Erstunterzeichnern der Erklärung gehörten überwiegend Bischöfe aus Mittel- und Lateinamerika (vor allem aus Brasilien und Kolumbien), aber auch Bischöfe aus Asien, Afrika und Kanada. Interessant ist, dass die Europäer eine überschaubare Minderheit bildeten. Zwei deutsche Weihbischöfe schlossen sich den Unterzeichnern an: Julius Angerhausen (Essen) und Hugo Aufderbeck (Erfurt).

Während des Konzils hatte sich, ausgelöst oder ermutigt durch die Rundfunkansprache des Papstes vom 11. September 1962, in der der Ausdruck »Kirche der Armen« fiel, eine informelle Arbeitsgruppe etabliert, die das Thema der evangelischen Armut präsent hielt. Treibende Kraft war der französische Priester Paul Gauthier (1914–2002). Er lehrte zuerst als Seminarprofessor in Dijon und wurde dann Arbeiterpriester im Geist Charles de Foucaulds (der im Mai 2022 heiliggesprochen wurde). 1956 lud ihn Georges Hakim (1908–2001), seit 1943 Bischof von Akko und ganz Galiläa, nach Nazareth ein. Dort gründete er die »Fraternité des Compagnons de Jésus Carpentier«. Hakim nahm ihn als seinen theologischen Berater mit nach Rom. Während des Konzils wurde Hakim 1964 zum Erzbischof ernannt und 1967 zum Patriarchen von Antiochia (Maximos V.) gewählt. Hakim und Gauthier erhielten von mehreren Bischöfen (vor allem des Südens) Unterstützung. Gauthiers vor dem Konzil verfasste Schrift »Jesus, die Kirche und die Armen« verschickte Hakim an den Papst und an die Konzilsväter. Die Gruppe traf sich während der ersten beiden Konzilsperioden regelmäßig zum Austausch. Auch der Dominikanertheologe Yves Congar (1904–1995), 1954 von seinem Lehrstuhl verbannt, aber ab 1960 Konsultor der Vorbereitungskommission und 1962 zum Peritus ernannt – 1994, also mit 90, wurde er, als eine Art Rehabilitation, zum Kardinal erhoben –, brachte sich als eines der theologischen Masterminds in die Gruppe ein.

Dem Erzbischof von Bologna, Kardinal Giacomo Lercaro (1891–1976), fiel eine eigene Rolle zu. Für ihn, so Margit Eckholt, war das Thema Armut »nicht ein Thema neben anderen, sondern ›das einzige Thema des gesamten II. Vatikanums‹, das ›Element der Synthese, der Punkt, an dem alle bisher behandelten Themen und die gesamte Arbeit, die wir noch leisten müssen, Klärung und Zusammenhalt finden sollten‹. (…) Wie kaum ein anderer hat Lercaro durch alle Konzilsperioden hindurch das Thema der Armut immer wieder eingespielt, auch wenn nach den ersten beiden Sessionen des Konzils die Gruppe ›Kirche der Armen‹ auch durch interne Differenzen geschwächt wurde und die Gruppe selbst nicht den Status einer ›Kommission‹ erhielt, der von ihr zu Beginn intendiert war.«[238] Papst Paul VI., der in seiner Antrittsenzyklika »Ecclesiam suam« (6. August 1964) das Thema Armut (Nr. 53–55) nicht unerwähnt ließ, ermutigte Lercaro zu Beginn der dritten Sitzungsperiode (September 1964), »sich um die Umsetzung der Forderungen der Gruppe ›Kirche der Armen‹ zu bemühen«[239]. Im November 1964 sollte dieser Papst die Tiara, die dreifache Krone, die den Bischof von Rom als obersten Priester, König und Lehrer der Welt auszeichnet, in einem symbolischen Akt absetzen und verschenken[240]. Mitglieder der Gruppe, die Hans Waldenfels SJ »richtungsweisend«[241] nennt, engagierten sich stark beim Schema XIII – der späteren Pastoralkonstitution »Gaudium et spes« und bei allen Überlegungen, die das Prinzip von der Kirche als dem Volk Gottes betonten, welche in die Kirchenkonstitution »Lumen gentium« einflossen. Auch wurden wiederholt Petitionen verfasst, die für eine arme Kirche plädierten. Zwischen Oktober und November 1964 kamen über 500 Unterschriften zusammen, darunter auch die von sieben Kardinälen. »Und doch«, so Eckholt, »hatte das Anliegen der Gruppe ›Kirche der Armen‹ keine durchschlagende Kraft und blieb, so Alberigos Einschätzung, ›am Rande des Konzilsgeschehens‹.«[242]

Eine wichtige, auch bei uns bekannte Persönlichkeit darf nicht unerwähnt bleiben, auch wenn sie oft im Hintergrund blieb: Dom Hélder Câmara Pessoa (1909–1999), Weihbischof von Rio de Janeiro und 1964 zum Erzbischof von Olinda e Recife ernannt. Er gehörte 1955 zu den Gründungsmitgliedern des Lateinamerikanischen Bischofsrates (CELAM), dessen Bedeutung weit über den Kontinent hinausreichen sollte. Innerhalb der Gruppe leitete er einen Arbeitskreis zum Problem der Unterentwicklung. Seine »Rundbriefe« sind eine (lange übersehene) Quelle für die Geschichte des Konzils geworden, war er doch ein Mann vieler informeller Kontakte, auch zu Paul VI. Er erwies sich aber »nicht nur als ein kompetenter Beobachter, sondern als ein Akteur, der es verstand, differenziert auf die jeweilige Situation zu reagieren«[243]. Im Lauf der Konzilsperioden sollte er »für die Öffentlichkeit zu einer der wichtigsten Persönlichkeiten, für viele sogar zu einem Symbol für die prophetische Dimension des Zweiten Vatikanischen Konzils« werden, »ohne dabei je während einer Sitzung in der Konzilsaula das Wort ergriffen zu haben«[244].

Câmara findet sich denn auch – neben Dom Aloísio Lorscheider OFM, Dom Samuel Ruiz oder Weihbischof Luigi Bettazzi, um nur drei auch hierzulande geläufige Namen zu nennen – am 16. November 1965 unter den etwa vierzig Bischöfen des Katakombenpaktes[245]: »Ausdruck für das neue Selbstbewusstsein, zu dem gerade die Kirchen des Südens auch ihre regelmäßigen Treffen während der Sessionen des Konzils gefunden hatten«[246].

Die »Wirkungen des Katakombenpaktes« erfassten vor allem Lateinamerika. Das Thema Armut wurde über das Konzil in Rom in der Folge zum Dauerthema: auf den CELAM-Generalversammlungen in Medellín (1968), Puebla (1979), Santo Domingo (1992) und Aparecida (2007). Obwohl auch die (unter anderem von Câmara gewünschte[247]) Enzyklika »Populorum Progressio«, am Ostersonntag 1967 veröffentlicht, sich für das Thema stark machte, womit es, neben dem Konzil, eine lehramtliche Agenda wurde, folgten auch massive Konflikte: Óscar Arnulfo Romero (2018 heiliggesprochen), Jon Sobrino SJ, Samuel Ruiz, um nur einige Namen zu nennen, stehen dafür. Unglücklich waren die Auftritte von Johannes Paul II. in Puebla und Santo Domingo (Streit um den Bußakt) sowie von Benedikt XVI. in Aparecida[248], dem brasilianischen Wallfahrtsort.

Dass der Vorsitzende der argentinischen Bischofskonferenz, Kardinal Jorge Mario Bergoglio SJ, eine maßgebliche Rolle bei der Schlussredaktion des prophetischen Abschlussdokuments von Aparecida einnahm, welches eine Art Zehnjahresplan für die Kirche in Lateinamerika und der Karibik darstellt, stellt ihn indirekt in die Reihe der Konzilsväter und der Proponenten des Katakombenpaktes. Franziskus betont immer wieder, wie stark ihn diese CELAM-Versammlung als Bischof geprägt hat. Norbert Arntz, der (zusammen mit Maria Schwabe) die deutsche Übersetzung des Dokuments von Aparecida besorgt hat[249], schreibt: »Dieser Papst aus dem Süden bringt der ganzen Kirche einen neuen Stil, der den Weg der lateinamerikanischen Kirche von Medellín bis Aparecida widerspiegelt: die Option für die Armen, die Denunzierung der ungerechten

Strukturen der Sünde, der Respekt vor dem Glauben und der Religiosität der einfachen Leute, die Volksfrömmigkeit in Marien- und Heiligenverehrung, die Achtsamkeit für die Mutter Erde, das Vertrauen auf die Barmherzigkeit Gottes, die immer für Vergebung offen ist. (…) Er knüpft mit seiner spirituell-theologischen Orientierung, seinem Kirchenverständnis, seiner Option für die Armen und mit seinem globalen Projekt – bewusst oder unbewusst – an die Überlegungen an, die während des Konzils eine Gruppe von Bischöfen veranlasst hatte, die Gruppe ›Kirche der Armen‹ zu bilden und am Ende des Konzils den Katakombenpakt zu schließen.«[250] Er geht sogar so weit zu empfehlen,»das Pontifikat von Franziskus im Licht des Katakombenpaktes und seiner Geschichte neu verstehen zu lernen«[251].

Franziskus' in der ersten Pressekonferenz drei Tage nach seiner Wahl geäußerter Wunsch nach einer »armen Kirche für die Armen« ist keine Floskel gewesen[252] – und er irritiert damit immer noch. Als Jesuitenprovinzial hat er seinerzeit auf der 32. Generalkongregation 1974/75 das berühmt-berüchtigte »Dekret 4« der Gesellschaft Jesu über die »vorrangige Option für die Armen« mit beschlossen. In seinem Schreiben »Evangelii gaudium« ist sie im vierten Kapitel (»Die soziale Dimension der Evangelisierung«) präzisiert, in dem er nach Luigi Bettazzis Einschätzung »gewissermaßen einen kurzen Traktat zur *Kirche der Armen* (entwickelt)«[253]. Darin zitiert Franziskus übrigens nicht nur päpstliche Aussagen, sondern auch Dokumente von brasilianischen und philippinischen Bischöfen – für ihn Ausdruck gelebter, wertschätzender Kollegialität. Franziskus greift darin auf seine Redaktionsarbeit von Aparecida und auf seinen Wunsch am Beginn des Pontifikats zurück: »Für die Kirche ist die Option für die Armen in erster Linie eine theologische Kategorie und erst an zweiter Stelle eine kulturelle, soziologische, politische oder philosophische Frage. (...) Aus diesem Grund wünsche ich mir eine Kirche für die Armen. Sie haben uns vieles zu lehren. Sie haben nicht nur Teil am *sensus fidei*, sondern kennen dank ihrer eigenen Leiden den leidenden Christus. Es ist nötig, dass wir alle uns von ihnen evangelisieren lassen.« (EG 198)

Wohlgemerkt: Es geht nicht nur um die Evangelisierung *der* Armen, die Kirche selbst soll sich *durch* die Armen evangelisieren lassen! Das ist der Geist des Zweiten Vatikanums pur[254]! Der Konzilsteilnehmer und -verteidiger Luigi Bettazzi erinnert daran, dass Papst Johannes Paul II. in seinem Apostolischen Schreiben »Novo millennio ineunte« (6. Januar 2001) dazu anregte, von einer Kirche *für* die Armen zu einer Kirche *der* Armen überzugehen[255].

In einem Interview erinnerte Franziskus 2015 an das Schreiben »Evangelii nuntiandi« seines Vorgängers Paul VI., worin es heißt, »dass die Armen die größere Fähigkeit haben, gewisse christliche Tugenden zu verstehen. Sie sind besser dazu geeignet. Sehr viel besser geeignet. Und die Armut steht im Mittelpunkt des Evangeliums. Die Fahne der Armut ist evangelisch.«[256] Eine »arme Kirche für die Armen« ist für den austrobrasilianischen Bischof Erwin Kräutler nicht nur die Vision des gegenwärtigen Papstes, sondern die »Vision einer Kirche, wie Jesus sie will«[257].

Vor Jugendlichen aus Jesuitenschulen in Italien und Albanien sagte Papst Franziskus am 7. Juni 2013 anschaulich: »Man kann nicht über Armut sprechen, über abstrakte Armut, die gibt es nicht! Die Armut ist das Fleisch des armen Jesus, in dem Kind, das Hunger hat, in dem, das krank ist, in den Sozialstrukturen, die ungerecht sind.«[258] Die theoretische und akademische Beschäftigung, sozialwissenschaftliche Analysen sind das eine. Gelebte Solidarität mit den Ärmsten der Armen, die Vision einer dienenden und armen Kirche, die »Gottes Lieblinge« nicht an den Rand drängt, sondern in die Mitte holt und sich von ihnen etwas sagen – ja: sich von ihnen evangelisieren – lässt, das andere.

Eine Reihe von Beobachtern ist sich darin einig, dass Franziskus – nicht nur aufgrund seines Lebensstils und seiner Amtsführung, sondern wegen der von ihm favorisierten Themen – die Konzilsoption und -vision einer »Kirche der Armen« rehabilitiert habe, die in den Augen Bettazzis wegen politischer Rücksichtnahmen und Empfindlichkeiten, die aus den nachkonziliaren Wirren erwachsen waren, »in eine Art ›Quarantäne‹ versetzt, kirchlich isoliert«[259] gewesen sei. Der aktuelle Adveniat-Chef Martin Maier SJ, ein ausgewiesener Lateinamerika-Experte, meint, der Katakombenpakt gewinne durch Franziskus »eine neue Aktualität«[260]. Erich Garhammer schreibt: »Die Lebensweise von Papst Franziskus wird auf dem Hintergrund des Katakombenpaktes ganz neu verständlich.«[261] Wenn er die Kirche an die »Peripherien« schickt – nicht nur an die geographischen, sondern auch an die existenziellen Peripherien, wie er in seiner kurzen Rede im Vorkonklave sagte –, macht er damit auch deutlich, dass sie dort, an den Rändern, auf die Armen stößt, in denen sie Christus begegnet, weil der Kontakt mit den Armen ein Bekehrungspotential mit einschließt[262]. Nebenbei gesagt: Das Thema Peripherie spiegelt sich auch in der Auswahl seiner Reiseziele wieder.

»Kirche der Armen« und »Katakombenpakt« – vor diesem Hintergrund bleibt die Frage des Papstes vom 16. April 2013 aktuell, ja ein heilsamer, Unruhe stiftender Stachel, wenn es um die Aneignung und die Aufarbeitung des Zweiten Vatikanums geht: »Haben wir all das getan, was uns der Heilige Geist im Konzil gesagt hat?«

Der tschechische Soziologe und Priester Tomáš Halík befindet kurz und bündig: »Zum Reformgeist des Konzils ist nach mehr als einem halben Jahrhundert Papst Franziskus zurückgekehrt.[263]«

9.

Synodalität als Erbe des Konzils

Deutlichster Ausdruck seiner Verbundenheit mit dem Konzil ist bei Papst Franziskus das Thema Synodalität. Er favorisiert es seit Beginn seines Pontifikats. Ohne Wenn und Aber. Damit legt er ein deutliches, vielversprechendes Bekenntnis zum Zweiten Vatikanum ab: Synodalität als Erbe des Konzils! Damit zeigt er auch, dass dieses Potential aus seiner Sicht längst noch nicht ausgeschöpft ist. Das stimmt, trotz aller gegenläufigen Tendenzen, hoffnungsfroh.

»Prozesse in Gang zu setzen anstatt Räume zu besitzen« (EG 223): Dieses oft zitierte, von ihm selbst immer wieder aufgegriffene Wort aus seiner Programmschrift »Evangelii gaudium« vom November 2013 wirkt dabei als eine Art Schlüssel, der Türen öffnet[264]. Es ist auch ein Appell. Oft nicht wirklich beachtet oder als bloße *»franziskanische Rhetorik«* abgetan: Man zitiert den Papst – und geht zur kirchlichen oder theologischen Tagesordnung über. Ich werde deswegen nicht müde, auf den Zusammenhang hinzuweisen. Das Wort ist – eine oft missachtete Grundregel – in seinem Kontext zu lesen und zu verstehen! Es fällt im vierten Kapitel (»Die soziale Dimension der Evangelisierung«), in dem sich auch die zweite, nicht weniger bedeutende und ebenfalls oft zitierte Aussage findet: »Die

Zeit ist mehr wert als der Raum.« (EG 222) Sie wird gleich darauf unmissverständlich erklärt: »Dieses Prinzip erlaubt uns, langfristig zu arbeiten, ohne davon besessen zu sein, sofortige Ergebnisse zu erzielen. Es hilft uns, schwierige und widrige Situationen mit Geduld zu ertragen oder Änderungen bei unseren Vorhaben hinzunehmen, die uns die Dynamik der Wirklichkeit auferlegt. (…) Dem Raum Vorrang geben bedeutet sich vormachen, alles in der Gegenwart gelöst zu haben und alle Räume der Macht und der Selbstbestätigung in Besitz nehmen zu wollen. Damit werden die Prozesse eingefroren. Man beansprucht, sie aufzuhalten. Der Zeit Vorrang zu geben bedeutet sich damit zu befassen, *Prozesse in Gang zu setzen anstatt Räume zu besitzen*. Die Zeit bestimmt die Räume, macht sie hell und verwandelt sie in Glieder einer sich stetig ausdehnenden Kette, ohne Rückschritt. Es geht darum, Handlungen zu fördern, die eine neue Dynamik in der Gesellschaft erzeugen und Menschen sowie Gruppen einbeziehen, welche diese vorantreiben, auf dass sie bei wichtigen historischen Ereignissen Frucht bringt. Dies geschehe ohne Ängstlichkeit, sondern mit klaren Überzeugungen und mit Entschlossenheit.« (EG 223)

Das Instrument, auf das Papst Franziskus dabei setzt und das er viel stärker ausreizen will, ist die Synode. Seine Vision einer künftig viel intensiver synodal arbeitenden Kirche hat er bei vielen Gelegenheiten skizziert[265]. Er wirbt dafür. Denn per päpstlichem Dekret lassen sich Visionen in unserer Zeit nicht mehr eins zu eins umsetzen. Franziskus braucht und sucht Verbündete – manche seiner Personalentscheidungen sprechen diesbezüglich eine eindeutige

Sprache. Er baut auf die Erfahrung, das Wissen und die Reflexion von Bischöfen weltweit[266] – und nicht nur von ihnen, wie er deutlich machte, indem er wiederholt Ortskirchen aufforderte, ihre Stimme einzubringen (was manchen Bischöfen wiederum gar nicht gefiel, weswegen sie der Bitte, ihre Gremien zu befragen, erst gar nicht nachkamen – wie bei der Umfrage zur Familiensynode 2014 geschehen). Das fördert auch die in »Evangelii gaudium« angeregte »heilsame Dezentralisierung« (EG 16) und verlagert manche Entscheidungen von Rom (zurück) auf die Ebene nationaler Bischofskonferenzen, ganz nach dem Prinzip der Subsidiarität: Was vor Ort entschieden werden kann, soll vor Ort entschieden und nicht nach oben delegiert werden. Die Frage bleibt: Wer entscheidet das?

Die bisher abgehaltenen Weltbischofssynoden (Familie 2014/15, Jugend 2018, Amazonien 2019) zeigten Möglichkeiten auf. Aber genauso Defizite. Sie waren Beispiele für einen methodischen Neustart der Kirche auf dieser Ebene, für das Mit- und Zueinander von päpstlicher Autorität und bischöflicher Mitverantwortung, ähnlich wie auf dem Konzil – somit gelebte Kollegialität: ungewohnt für viele, missverständlich für manche. Unterscheidung der Geister, kollektive Wahrheitsfindung, Konsensfähigkeit, überhaupt eine Entscheidungsfindungskultur: Das waren bis dahin teils Fremdwörter. Solche Elemente einer synodalen Kirche (neu) zu erlernen, zu dechiffrieren, wirklich und wirksam zu praktizieren, wurde für viele Synodenteilnehmer zu einer ungeahnten Herausforderung. Synodalität ist Übungsweg. Er wird nicht von heute auf morgen funktionieren, auch weil er es mit über lange Zeit hinweg eingespurten

Mentalitäten aufnehmen muss, die sich nicht so leicht abschaffen und ersetzen lassen.

Schon in seinem ersten ausführlichen Interview vom August 2013 hielt er gegenüber Antonio Spadaro fest: »Man muss gemeinsam gehen: Volk, Bischöfe, Papst. Synodalität muss auf verschiedenen Ebenen gelebt werden.«[267] Auf den Fuß folgte der Hinweis auf eine defizitäre nachkonziliare Entwicklung, die die Effizienz der Bischofssynoden, ein 1967 erstmals eingesetztes Instrument, diskreditierte: »Vielleicht«, so Franziskus damals, »ist es Zeit, die Methode der Synode zu verändern, denn die derzeitige scheint mir statisch. Das kann dann auch einen ökumenischen Wert haben – besonders mit unseren orthodoxen Brüdern. Von ihnen kann man noch mehr den Sinn der bischöflichen Kollegialität und die Tradition der Synodalität lernen.«[268] Zeigen die letzten neun Jahre nicht deutlich, dass der argentinische Jesuitenpapst konsequent genau daran gearbeitet hat? Es blieb gerade nicht bei einem frommen Wunsch.

Franziskus bleibt stur dabei, er lässt sich trotz niederschmetternder Erfahrungen nicht beirren: »Genau dieser Weg der *Synodalität* ist das, was Gott sich von der Kirche des dritten Jahrtausends erwartet.«[269] Diese Aussage fiel während der Familiensynode 2014/15: am 17. Oktober 2015, als in der Aula der Synodenhalle ein Festakt zum fünfzigsten Jahrestag der Einrichtung der Bischofssynode angesetzt war.

Seine Ansprache war eine Programmansage. Gleich eingangs erinnerte Franziskus daran, dass er »vom Anfang meines Dienstes als Bischof von Rom an« die Absicht gehabt habe, »die Synode aufzuwerten, die eines der kostbarsten Vermächtnisse der letzten Konzilssitzung ist«. An seine Vorgänger Paul VI., Johannes Paul II. und Benedikt XVI. erinnernd, die auf je ihre Weise die Effizienz dieses Instruments steigern wollten, sagte er: »Auf diesem Weg müssen wir weitergehen. Die Welt, in der wir leben und die in all ihrer Widersprüchlichkeit zu lieben und ihr zu dienen wir berufen sind, verlangt von der Kirche eine Steigerung ihres Zusammenwirkens in allen Bereichen ihrer Sendung. Genau dieser Weg der *Synodalität* ist das, was Gott sich von der Kirche des dritten Jahrtausends erwartet.«

Mit Bestimmtheit trug Franziskus seine illusionslose Einschätzung vor. Er weiß um aufkommende Schwierigkeiten: »Was der Herr von uns verlangt, ist in gewisser Weise schon im Wort ›Synode‹ enthalten. Gemeinsam voranzugehen – Laien, Hirten und der Bischof von Rom –, ist ein Konzept, das sich leicht in Worte fassen lässt, aber nicht so leicht umzusetzen ist.« Denn eine »synodale Kirche«, so der Papst weiter, »ist eine Kirche des Zuhörens, in dem Bewusstsein, dass das Zuhören ›mehr ist als Hören‹. Es ist ein wechselseitiges Anhören, bei dem jeder etwas zu lernen hat: das gläubige Volk, das Bischofskollegium, der Bischof von Rom – jeder im Hinhören auf die anderen und alle im Hinhören auf den Heiligen Geist, den ›Geist der Wahrheit‹ (*Joh* 14,17), um zu erkennen, was er ›den Kirchen sagt‹ (vgl. *Offb* 2,7).«

Für Franziskus ist klar: »Die Bischofssynode ist der Sammelpunkt dieser Dynamik des Zuhörens, das auf allen Ebenen des Lebens der Kirche gepflegt wird. Der synodale Weg beginnt im Hinhören auf das Volk (…). Der Weg der Synode setzt sich fort im Hinhören auf die Hirten. Durch die Synodenväter handeln die Bischöfe als authentische Hüter, Ausleger und Zeugen des Glaubens der ganzen Kirche, wobei sie verstehen müssen, diesen von den oft wechselhaften Strömungen der öffentlichen Meinung zu unterscheiden. (…) Und schließlich gipfelt der synodale Weg im Hören auf den Bischof von Rom, der berufen ist, als ›Hirte und Lehrer aller Christen‹ zu sprechen: nicht von seinen persönlichen Überzeugungen ausgehend, sondern als oberster Zeuge der *fides totius Ecclesiae* [des Glaubens der gesamten Kirche].« Auch bei dieser Gelegenheit rief er, wie schon früher, wieder in Erinnerung: Alles spielt sich auf einer Synode immer »cum Petro et sub Petro« ab – wohl um innerkirchlichen Kritikern, die befürchteten, eine Synode könne dem päpstlichen Primat Konkurrenz machen und diesen minimieren, den Wind aus den Segeln zu nehmen.

Theologisch hoch bedeutsam: »Die *Synodalität* als konstitutive Dimension der Kirche bietet uns den geeignetsten Interpretationsrahmen für das Verständnis des hierarchischen Dienstes selbst. Wenn wir begreifen, dass ›Kirche und Synode Synonyme sind‹, wie der heilige Johannes Chrysostomos sagt – denn die Kirche ist nichts anderes als das ›gemeinsame Vorangehen‹ der Herde Gottes auf den Pfaden der Geschichte zur Begegnung mit Christus, dem Herrn –, dann begreifen wir auch, dass in ihrem Innern niemand über die anderen ›erhöht‹ werden kann.« Franziskus gab auch zu erkennen, dass sein eigenes Amt von einer mehr synodal orientierten Kirche profitieren könnte: »Ich bin überzeugt, dass in einer synodalen Kirche auch die Ausübung des petrinischen Primats besser geklärt werden kann. Der Papst steht nicht allein über der Kirche, sondern er steht in ihr als Getaufter unter den Getauften, im Bischofskollegium als Bischof unter den Bischöfen und ist – als Nachfolger des Apostels Petrus – zugleich berufen, die Kirche von Rom zu leiten, die in der Liebe allen Kirchen vorsteht.«

Zum Abschluss der Synode griff Franziskus am 24. Oktober 2015 seine Gedanken noch einmal auf und ging dabei auf offenkundig gewordene Spannungen der zurückliegenden drei Beratungswochen ein: »Auf dem Weg dieser Synode haben die verschiedenen Meinungen, die frei – und leider manchmal mit nicht gänzlich wohlwollenden Methoden – ausgedrückt wurden, zweifellos den Dialog bereichert und belebt und so ein lebendiges Bild einer Kirche dargeboten, die keine ›vorgefassten Formulare‹ verwendet (…). Und – jenseits der vom Lehramt der Kirche genau definierten dogmatischen Fragen – haben wir auch gesehen, dass das, was einem Bischof eines Kontinentes als normal erscheint, sich für den Bischof eines anderen Kontinents als seltsam, beinahe wie ein Skandal herausstellen kann – beinahe! –; was in einer Gesellschaft als Verletzung eines Rechtes angesehen wird, kann in einer anderen eine selbstverständliche und unantastbare Vorschrift sein; was für einige Gewissensfreiheit ist, kann für andere nur Verwirrung bedeuten.«[270] Bemerkenswert sind zwei Passagen, die frappant an die Konzilseröffnungsrede von Papst Johannes XXIII. erinnern: »Und ohne je der Gefahr des *Relativismus* zu erliegen oder auch jener, die anderen zu *verteufeln*, haben wir versucht, uns vollkommen und mutig der Güte und der Barmherzigkeit Gottes anzuschließen, die unsere menschlichen Kalküle übersteigt und nichts anderes will, als ›DASS ALLE MENSCHEN GERETTET WERDEN‹ (*1 Tim* 2,4). So wollten wir diese Synode in den Zusammenhang des Außerordentlichen Jubiläumsjahres der Barmherzigkeit einfügen, das die Kirche zu leben berufen ist, und diesen Zusammenhang lebendig erfahren.« Und weiter (und noch deutlicher an die Motive des Roncalli-Papstes erinnernd): »Liebe Mitbrüder, die Erfahrung der Synode hat uns auch besser begreifen lassen, dass die wahren Verteidiger der Lehre nicht jene sind, die den Buchstaben verteidigen, sondern die, welche den Geist verteidigen; die nicht die Ideen, sondern den Menschen verteidigen; nicht die Formeln, sondern die Unentgeltlichkeit der Liebe Gottes und seiner Vergebung. Das bedeutet keineswegs, die Bedeutung der Formeln – sie sind notwendig! –, der Gesetze und der göttlichen Gebote zu schmälern, sondern die Größe des wahren Gottes zu preisen, der an uns nicht nach unseren Verdiensten und auch nicht nach unseren Werken, sondern *einzig* nach dem unbegrenzten Großmut seiner Barmherzigkeit handelt (…). Die erste Pflicht der Kirche ist nicht die, Verurteilungen und Bannflüche auszuteilen, sondern jene, die Barmherzigkeit Gottes zu verkünden, zur Umkehr aufzurufen und alle Menschen zum Heil des Herrn zu führen.«

Weil Synodalität in manchen Ohren nach Demokratisierung »riecht« – und Kirche, wie manche meinen in Erinnerung bringen zu sollen, »keine Demokratie«, sondern »göttliche Stiftung« ist –, empfiehlt sich als theologische Begleitlektüre der Festvortrag von Kardinal Christoph Schönborn, den dieser bei derselben Gelegenheit hielt. Auch er stellte sofort eine Verbindung mit dem Zweiten Vatikanum her: »Bischofssynode und Konzil sind untrennbar verbunden. Fünfzig Jahre nach Ende des Konzils kann noch überzeugter gesagt werden, was Papst Johannes Paul II. schon 1983 feststellte: ›Die Bischofssynode hat in bemerkenswerter Weise die Einbindung der Lehre und ihre Orientierung an den Glaubenswahrheiten und Pastoralen Vorgaben des Zweiten Vatikanischen Konzils im Leben der ganzen universalen Kirche beigetragen.‹ Diese Aktualisierung ist noch im Gange, wie es meistens nach einem Konzil der Fall ist.«[271] Schönborn erinnerte an das Apostelkonzil in Jerusalem, an dem »Maß« zu nehmen sei. »Und genau das«, so der Wiener Erzbischof, der im April 2016 das Nachsynodale Schreiben »Amoris laetitia« im Vatikan vorstellen durfte, »ist der entscheidende Punkt: In Jerusalem ging es nicht um Beratung oder Entscheidung, sondern um Unterscheidung des Willens und Weges Gottes. Natürlich gehören heftige Diskussionen, ja sogar Streit und intensives Ringen zum synodalen Weg. So war es schon in Jerusalem. Aber Ziel der Debatten, Ziel der Zeugnisse ist das gemeinsame *Unterscheiden* des Willens Gottes. Auch dort, wo abgestimmt wird (wie am Ende jeder Synode), geht es nicht um Machtkämpfe, Parteibildungen (über die Medien dann gerne berichten), sondern um diesen gemeinschaftlichen Prozess zur Bildung eines Urteils, wie wir es in Jerusalem gesehen haben. Am Ende kommt, so hoffen wir, nicht ein politischer Kompromiss heraus, auf einem niedrigen gemeinsamen Nenner, sondern dieser ›Mehr-Wert‹, den der Heilige Geist schenkt, so dass es am Schluss heißen kann: ›Der Heilige Geist und wir haben beschlossen‹ (*Apg* 15,28).«[272]

Schönborn zitierte an einer Stelle Johannes Paul II., der am 30. April 1983 sagte: »Der synodale Schlüssel für die Lektüre der Konzilstexte wurde gleichsam zu einem Ort der Interpretation, der Anwendung und der Weiterentwicklung des Zweiten Vatikanums. Schon die lange Liste der Themen, die in den verschiedenen Synoden behandelt wurden, zeigt die Bedeutung der Sitzungen für die Kirche und für die Umsetzung der Reformen, die das Konzil wollte.«[273] Und er nahm auch auf einen Brief von Papst Franziskus an den damaligen Sekretär der Bischofssynode Kardinal Lorenzo Baldisseri vom 1. April 2014 Bezug: »Beinahe 50 Jahre sind seit der Einführung der Institution der Bischofssynode vergangen, ich selber habe die Zeichen der Zeit geprüft und ich bin mir bewusst, dass es notwendig ist, um mein Petrusamt ausüben zu können, mehr denn je die direkte Verbindung mit allen Hirten der Kirche noch mehr zu beleben, es drängt mich sehr, dieses wertvolle Erbe des Konzils wieder zu würdigen.«[274]

Das Instrument der Synode, Synodalität als Wesenskern der Kirche: Das ist also kein Modethema oder ein Spleen oder eine Marotte von Papst Franziskus, der ja auch immer darauf hinweist, man dürfe Synodalität nicht mit Parlamentarismus verwechseln. Synodalität gehört zum Erbe des Konzils, das auch in diesem Punkt weiterhin zu pflegen, anzuwenden und auszubauen ist!

Der emeritierte Bochumer Fundamentaltheologe Hermann Josef Pottmeyer spricht sogar von einem »Programmwort des Pontifikats von Papst Franziskus«[275]. In seinem Vortrag vom 28. September 2017 beim Festakt »150. Wiederkehr der Deutschen Bischofskonferenz in Fulda« zeigte er: Dass

Franziskus bei seiner Begründung für die Entwicklung einer verstärkt synodal geprägten Kirche eigens auf seine Vorgänger Bezug nimmt, die eher im Ruf standen, römischen Zentralismus zugelassen, wenn nicht sogar gefördert zu haben, sei als Versuch zu werten, sich damit in die Linie des Zweiten Vatikanums zu stellen. Pottmeyer warnte davor, die Rede von einer synodalen Kirche heute zu verwechseln oder zu vermischen mit »Vorstellungen (...) aus dem politischen und sozialen Bereich (...), nämlich mit demokratischer Willensbildung oder betrieblicher Mitbestimmung«.

Pottmeyer verwies auch auf den ignatianischen Hintergrund, also die Ordenssozialisation von Papst Franziskus, die dabei eine Rolle spielt: »Bei allem Fragen nach möglichen Formen synodaler Mitsprache sollten wir aber die Herzmitte des synodalen Anliegens von Papst Franziskus nicht aus dem Blick verlieren. Das ist eine Kultur und Spiritualität der Achtsamkeit vor allem auf das Drängen des Heiligen Geistes ganz im Sinn der Ignatianischen Exerzitien, sodann gegenüber den Brüdern und Schwestern im Glauben, in denen der Geist auf vielfältige Weise wirkt; eine Kultur und Spiritualität der Achtsamkeit ferner gegenüber den Armen und Bedrängten, in denen uns Christus begegnet, und schließlich gegenüber der Schöpfung, unserer gottgeschenkten Heimat. Deshalb stellt eine synodale Kirche der lange vorherrschenden Top-down-Kommunikation eine Bottom-up-Kommunikation gleichrangig an die Seite. Die Kritik am Zentralismus und Klerikalismus ist jetzt nicht mehr nur an der Basis, sondern lauthals von der Spitze der Kirche her zu hören, das verstört nicht wenige – auch an der Basis. Denn der gescholtene Zentralismus und

Klerikalismus – dienten sie nicht selten auch als Ausrede für die eigene Passivität, da man ja doch nichts ändern und bewirken könne?«

Synodalität meint nicht nur einen anderen, einen moderateren Tonfall. Es geht um eine andere Art des Kirche-Seins. Der in Deutschland im Frühjahr 2019 auf den Weg gebrachte Synodale Weg, der coronabedingt ausgebremst wurde und bald in die Schlussrunde geht, weist in diese Richtung. Dass nun Stimmen laut werden, ihn nach Abschluss »auf Dauer (zu) stellen«[276], wie die frühere ZdK-Vizepräsidentin Claudia Lücking-Michel anregt, bedeutet: Synodalität soll Alltag werden. Sie ist kein temporäres Projekt. Der Passauer Politikwissenschaftler Mariano Barbato meint ebenfalls, der im kirchenrechtsfreien Raum konstruierte Synodale Weg sollte einen permanenten Ausdruck erhalten. Er deutet an, dass dies das Ende bischöflicher Alleinverantwortung mit sich brächte: »An die Stelle der weltkirchlichen Logik der Hierarchie, in der synodale Räte nur beratenden Charakter haben, tritt aus dem extralegalen Raum des Synodalen Wegs eine revolutionäre Machtstruktur neuen Typs heraus. Frei nach *Emmanuel Joseph Sieyès:* Was ist der Synodale Weg in der Rechtsordnung? Nichts! Was soll er werden? Etwas!«[277] Dass deswegen manche Bischöfe – durchaus nicht unerwartet und auch nicht unberechtigt – befürchten, dies führe zu einer völlig neuen Architektur kirchlicher Macht und könnte die sakramentale Struktur der römisch-katholischen Kirche auf den Kopf stellen, kann nicht weiter überraschen.

Spannend wird es deshalb, zu welchen Anregungen der zweijährige weltweite synodale Prozess, der im Oktober

2023 in eine Weltbischofssynode mündet, gelangen wird. Es stimmt einfach nicht, dass Papst Franziskus damit das deutsche Projekt ausbremsen wollte, auch wenn er in seinem Brief an die deutschen Katholiken seine Besorgnis darüber ausgedrückt hat, der Prozess müsse ein deutlicheres spirituelles Profil an den Tag legen[278].

Das Zweite Vatikanische Konzil gab den Startschuss für mehr Synodalität. Für die einen ist sie das alles lösende Zauberwort, für andere ein Reizwort. Synodalität als Passepartout droht zum Containerbegriff zu werden, wenn sie nicht inhaltlich gefüllt wird. Der Pastoraltheologe Jan Loffeld gibt zu bedenken: »Fatal ist, wenn Synodalität zur Stopfgans für langgehegte Kirchenträume bzw. -albträume wird und so jede/r faktisch mit dem Begriff inhaltlich etwas anderes verbindet. Für manche meint Synodalität dann eine ›demokratische Kirche‹, für andere den Weg geistlicher Entscheidung durch Unterscheidung, für wieder andere ein ›protestantisches Kirchenparlament‹.«[279]

Offenkundig ist: Synodale Prozesse brauchen Zeit. Ebenso offenkundig ist: Die Zeit läuft der Kirche davon – weil ihr hierzulande die Gläubigen in Scharen davonlaufen, womit Kapital, nämlich unverzichtbare Begabungen (»human resources«) aus der Kirche auswandern, auf welche nur diejenigen verzichten können, die mit wenig ökumenischer Sensibilität meinen, solche Enttäuschte sollten doch in die evangelischen Kirchen übertreten.

Synodalität ist kein PR-Gag oder ein ekklesiologisches Placebo! Dass es Franziskus wirklich ernst damit ist – was von manchen Seiten immer noch bezweifelt wird, wohingegen andere genau das befürchten –, zeigt nicht nur seine bisherige »Synodenbilanz« (2014/15, 2018, 2019, 2021/23). In seiner Ansprache zum Synodenjubiläum (2015) hat der Papst übrigens noch auf einen anderen Punkt hingewiesen, den »sensus fidelium«, der in der Konzilskonstitution »Lumen gentium« zur Sprache kommt: »Im Apostolischen Schreiben *Evangelii gaudium* habe ich das noch einmal unterstrichen: ›Das Volk Gottes ist heilig in Entsprechung zu dieser Salbung, die es ›*in credendo*‹ *unfehlbar* macht‹. Und ich habe hinzugefügt: ›Jeder Getaufte ist, unabhängig von seiner Funktion in der Kirche und dem Bildungsniveau seines Glaubens, aktiver Träger der Evangelisierung, und es wäre unangemessen, an einen Evangelisierungsplan zu denken, der von qualifizierten Mitarbeitern umgesetzt würde, wobei der Rest des gläubigen Volkes nur Empfänger ihres Handelns wäre.‹ Der *sensus fidei* [der Glaubenssinn] verbietet, starr zwischen *Ecclesia docens* [der lehrenden Kirche] und *Ecclesia discens* [der lernenden Kirche] zu unterscheiden, weil auch die Herde einen eigenen ›Spürsinn‹ besitzt, um neue Wege zu erkennen, die der Herr für die Kirche erschließt. Diese Überzeugung war es, die mich geleitet hat, als ich wünschte, dass das Volk Gottes bei der Vorbereitung auf den zweifachen Synodentermin konsultiert würde – wie es gewöhnlich mit allen *Lineamenta* [Vorbereitungsdokumenten] geschieht und geschah. Selbstverständlich könnte eine Befragung dieser Art in keiner Weise genügen, um den *sensus fidei* zu hören. Aber wie wäre es möglich gewesen, über die Familie zu sprechen, ohne Familien zu Rate zu ziehen und ihre Freuden und Hoffnungen, ihre Leiden und ihre Ängste anzuhören? Durch die Antworten auf die zwei Fragebögen, die an die Teilkirchen verschickt wurden, hatten wir die Möglichkeit, wenigstens einige von ihnen zu hören in Bezug auf Fragen, die sie ganz direkt betreffen und über die sie so viel zu sagen haben.«[280]

Es ist durchaus so, dass es neben Anregungen des Papstes auch methodische Vorschläge ganz praktischer Art gibt, deren Umsetzung und Implementierung in konkrete Vorgehensweisen allerdings ebenfalls Zeit brauchen. Der Münsteraner Kirchenhistoriker Hubert Wolf ist davon überzeugt: Wenn der Papst die Synodalität und damit die Subsidiarität (»ein Exportschlager«) in der Kirche einführt, ist ihr damit mehr gedient, als wenn er in einzelnen Fragen eine Entscheidung herbeiführt. Denn es handelt sich um eine grundsätzliche Dynamisierung der Weltkirche und überwindet langjährige Stagnation[281].

Inzwischen gibt es eine Reihe von Dokumenten und Publikationen, die das Thema Synodalität aufgegriffen und theologisch weiterentwickelt haben – ein Beweis dafür, dass Theologinnen und Theologen durchaus bereit sind, auf Papst Franziskus zu reagieren, ganz abgesehen davon, dass dieser die Internationale Theologenkommission mit der Thematik befasst hatte. Nach dreijähriger Arbeit veröffentlichte diese 2018 das Dokument »Die Synodalität in Leben und Sendung der Kirche«[282]. »Gemeinsam unterwegs sein«, so schließt es (in Nr. 120) mit einem Zitat von Papst Franziskus vor der 70. Generalversammlung der Italienischen Bischofskonferenz im Mai 2017, »das ist der konstitutive Weg der Kirche; das ist die Chiffre, die es uns ermöglicht, die Realität mit den Augen und dem Herzen Gottes zu deuten; das ist die Bedingung, um Jesus, dem Herrn, zu folgen und in dieser verwundeten Zeit Diener des Lebens zu sein.

Der synodale Atem und die synodale Gangart offenbaren zum einen, was wir sind, und zum anderen die Dynamik der Gemeinschaft, die unsere Entscheidungen beseelt. Nur unter dieser Perspektive können wir wirklich unsere Pastoral erneuern und sie an die Sendung der Kirche in der Welt von heute anpassen. Nur so können wir uns der Komplexität der heutigen Zeit stellen, dankbar für den zurückgelegten Weg und entschlossen, ihn mit *Parrhesia* fortzusetzen.«[283]

Mit seiner Apostolischen Konstitution »Episcopalis communio«[284] vom 18. September 2018 hat Franziskus sämtliche Bestimmungen, die den Weg einer »konstitutiv synodalen Kirche« kennzeichnen sollen, normativ umgesetzt und damit Pflöcke eingeschlagen. Sie ist in einer Studie in zwölf Beiträgen analysiert und ausgewertet worden[285]. Die Konstitution geht, wie Kurienkardinal Michael Czerny SJ festhält, über das Konzil hinaus, ja sie bedeutet »einen Fortschritt gegenüber dem Zweiten Vatikanischen Konzil«: »Das Konzil hat die Handlungsträger in der Kirche und den ihnen zukommenden Dienstauftrag in den Blick genommen, hingegen geht es in diesem Dokument darum, die theoretische Argumentation in kirchliche Praxis umzusetzen.«[286]

Das päpstliche Schreiben gibt auch einen Methodenfahrplan vor, indem es die synodale Praxis in drei Phasen gliedert. Es ist offensichtlich, dass Papst Franziskus die Feinarbeit, die Verlängerung seiner Vision in die verschiedenen theologischen Disziplinen wie auch in die Strukturen der Kirche, Experten und Bischöfen überlässt. Aber er lässt auch keinen Zweifel daran, dass er dabei das letzte Wort hat und behalten will. Als seine genuine Aufgabe versteht er es, ausgehend vom Zweiten Vatikanum, das Verständnis von Synodalität im Leben der Kirche wirksam zu implementieren – mit weitreichenden Folgen für die Unterscheidungs-, Beratungs- und Entscheidungsfindungskultur der Kirche. Auch wenn sich das Wort Synodalität in den Dokumenten des Konzils nicht expressis verbis findet, »übersetzt es« nach Czerny »doch die Communio-Ekklesiologie des Konzils und fasst sie zusammen«[287].

Dass das Erbe des Konzils ebenso wie das Megathema Synodalität anspruchsvoll sind und nicht auf Schlagworte reduziert werden können, machte das Nachsynodale Schreiben »Querida Amazonia« (2020) deutlich[288]. Auch nach zwei Büchern über Papst Franziskus kann ich nicht verhehlen, dass es mich enttäuschte. Ich habe zunächst nicht verstanden, warum Franziskus das überwältigende Zwei-Drittel-Votum der stimmberechtigten Bischöfe, mindestens am Amazonas die Weihe von »viri probati« zuzulassen, ignorierte. Er erwähnt es mit keiner einzigen Silbe. Die Augen öffnete mir ein Interview mit Antonio Spadaro (August-Ausgabe 2020) in der *Herder Korrespondenz*. Wer Franziskus verstehen will, darf nicht an einem oberflächlichen Jesuiten-Jargon hängen bleiben und mit ignatianischen Leitvokabeln um sich werfen: »Wir sind daran gewöhnt, rational und überlegt einige Ideen zu formulieren, dann über sie nachzudenken und die besten davon am Ende auszuwählen, um sie in die Tat umzusetzen. Das ist aber nicht die Art, wie Franziskus entscheidet. Unterscheidung setzt eine persönliche Haltung voraus, die auf den Heiligen Geist hören will. Nicht die Person selbst und ihre Fähigkeiten stehen im Zentrum, sondern der Wille Gottes. Wenn Franziskus eine Reformidee hat, setzt er sie nicht einfach um, sondern er betet darüber. Er horcht darauf, was diese Idee innerlich mit ihm macht – das ist typisch für die Spiritualität des heiligen Ignatius. Selbst wenn der Papst einen genialen Gedanken hat, von dem er selbst ganz beeindruckt ist, setzt er sich erst hin und wartet auf eine geistliche Bestätigung. Er betet darüber, und wenn ihn die Idee am Ende innerlich leer lässt, statt ihn zu bestärken, merkt er, dass es nicht der Wille Gottes war. Insofern ist Unterscheidung durchaus ein Weg, um Dinge zu entscheiden. Aber eben ein Weg, der nicht die Klugheit eines Vorschlags in den Mittelpunkt stellt, sondern die Spiritualität und den Willen Gottes.«[289] Auf »Querida Amazonia« bezogen: »Es gibt aber auch Situationen, in denen er vielleicht gemerkt hat, dass es auf der Synode zwar eine sehr gute Diskussion über einige Reformideen gab, dass aber die wirkliche Unterscheidung noch gefehlt hat. In diesen Fällen würgt er zwar nichts ab und schließt nichts aus. Er sagt: Gehen wir weiter voran, denken wir weiter darüber nach! Aber er fällt keine endgültige Entscheidung. Eben weil er fühlt, dass die Unterscheidung noch nicht gereift ist: Die Synode hat ihn noch nicht in die Lage versetzt, zu unterscheiden und den Willen Gottes in der jeweiligen Angelegenheit zu verstehen. So war es zum Beispiel mit den Viri probati auf der Amazoniensynode.«[290] Mich hat das überzeugt.

Kurienkardinal Mario Grech, der Sekretär der Bischofssynode, der neben Kardinal Jean-Claude Hollerich SJ, dem Generalrelator der Weltbischofssynode 2023, eine maßgebliche Rolle beim Projekt Synodalität überhaupt spielt, betonte in einem *Radio Vatikan*-Interview im Mai 2021, wie wichtig ehrliches Hinhören ist: »Es geht nicht um Demokratie, Populismus oder ähnliches; die Kirche ist das Volk Gottes, und dieses Volk ist aufgrund der Taufe ein aktives Subjekt des Lebens und der Sendung der Kirche. (…) Der synodale Prozess wurde nicht am Schreibtisch erdacht, sondern ist aus dem Weg der Kirche in der nachkonziliaren Zeit selbst entstanden.«[291] Je mehr wir in der Spur des Konzils gehen, desto mehr lernen wir – beim Gehen. Auch beim Beschreiten des Weges der Synodalität: »Der synodale Prozess«, gibt sich Grech überzeugt, »ist der Lackmustest für diese wirklich anspruchsvolle Vision der Kirche.«[292]

Visionen warten auf ihre Umsetzung und Verwirklichung[293]. Sein Verständnis von Synodalität hat Papst Franziskus in einer Videobotschaft an die Päpstliche Lateinamerika-Kommission im Mai 2022 nachgeschärft. Der Lateinamerikanische Bischofsrat CELAM und seine Generalversammlungen – in Aparecida 2007 war Kardinal Bergoglio für die Schlussredaktion verantwortlich – sind der Gesamtkirche in diesem Lernprozess vielleicht sogar voraus[294]. Die universale Kirche hinkt etwas hinterher und könnte von den Erfahrungen, die in dieser Teilkirche gemacht wurden, profitieren. Das Zweite Vatikanische Konzil trug auf den verschiedenen Kontinenten unterschiedliche Früchte. Europa kann von Lateinamerika lernen – auch was die Umsetzung des letzten Konzils anbelangt!

10.
Aus dem Konzil geboren – und jetzt?

Das Zweite Vatikanum, 11. Oktober 1962 bis 8. Dezember 1965: Was »bringt« es, sechzig Jahre danach auf das letzte Konzil zurückzuschauen? Taugen die damals verabschiedeten Texte (noch), um aktuelle Fragen anzugehen? Sie gelten! Aber helfen sie heute noch weiter? Wie bewältigen wir mit diesem Konzil, was in der Kirche heute ansteht?

Solche Fragen stellen sich. Und sie werden gestellt – und sind deswegen berechtigt. Nostalgie verbietet sich dabei. Sie stirbt ohnehin aus: mit den allerletzten Zeitzeugen. Dass dieses Konzil für viele in weite Ferne gerückt ist, nur weil (oder gerade weil) inzwischen sechs Jahrzehnte vergangen sind, ist bedauerlich. Sein Potential, das ist meine feste Überzeugung, muss weiter gehoben und genutzt werden! Der »Geist des Konzils« hat die Flasche verlassen. Dorthin zurück will er nicht.

Ein markantes Zeichen für die ungebrochene Vitalität des letzten Konzils legten jüngst die »Wiener Theologischen Kurse« mit einem im Mai 2022 erschienenen, 90 Seiten starken Themenheft ab, in dem »Statements zum Konzil aus Kirche, Theologie, Bildung, Medien, Ökumene, anderen Religionen und dem säkularen Bereich von A bis Z« gesammelt sind: ein buntes, energiegeladenes Potpourri an kurzen Stellungnahmen. Ihr Leiter Erhard Lesacher gibt sich überzeugt: »Am Zweiten Vatikanischen Konzil ging es nicht um einzelne Themen, sondern um die Kirche selbst. Sie hat sich ein neues Selbstverständnis gegeben und ihre Haltung zu den anderen Kirchen, den Religionen und zur Welt neu definiert. Die Umsetzung einer derart grundlegenden ›Neuaufstellung‹ braucht Zeit.«[295] Sein Haus bietet eine Reihe spannender Veranstaltungen an, in denen aufgegriffen wird, was diese Einrichtung trägt und prägt: »Nicht in Retrospektive und ›Konzils-Nostalgie‹, sondern in der Perspektive und dem Blick nach vorne, auf das Noch-Nicht-Eingelöste. Die Konzilstexte sind ein Point of no Return und nach wie vor die Grundlage für die Zukunft der Katholischen Kirche.«[296] Zum »springenden Punkt« gehören für Lesacher: »Abschied vom defensiven Antimodernismus und von jeder Form des Heilspartikularismus; Dialog auf Augenhöhe mit anderen Kirchen, Religionen und Weltanschauungen; Öffnung zur Welt als ›hermeneutischer Schlüssel‹; beginnende De-Zentralisierung und De-Klerikalisierung; Wechsel vom Euro- zum Polyzentrismus.«[297] Das Konzil sei – und da könnte ein Papst Franziskus ebenso zustimmen wie ein Karl Rahner – »eine Wegrichtung, keine To-do-Liste, die abgegangen wird: Nicht eingelöst sind Synodalität, innerkirchliche Gewaltenteilung und Anerkennung der Menschenrechte, eucharistische Gastfreundschaft und die Frauenfrage.«[298]

Damit sind unschwer heutige »heiße Eisen« benannt, die im Geist des Konzils und als Folge des Konzils anzugehen sind, will man nicht den Weg in eine Kirche der kleinen Herde, also den Gang zurück ins Ghetto antreten. Ein neues Konzil braucht es für ein mutiges Aufgreifen dieser Desiderate – vorerst – nicht.

Es ist nicht so, dass nur ausgewählte Stimmen berufen wären, über den »Geist des Konzils« zu verfügen. Er bleibt – subversiv! Da und dort muss dieses Konzil als Sündenbock herhalten, Verschwörungstheorien wurden und werden konstruiert, so als sei es ein Kuckucksei, das böse, ja satanische Kräfte der Kirche unterschoben hätten, um sie zu zerstören. Der Schriftsteller Martin Mosebach fordert allen Ernstes »eine Wiederherstellung der Disziplin, ein Anziehen der Zügel, eine Beendigung der Verschluderung und eine Rückkehr zur überlieferten Ordnung«, da die Kirche durch das Konzil »eine doktrinär aufgeweichte, liturgisch formlos gewordene Kirche« geworden sei. Insinuiert ist damit, dass ein »Aggiornamento« Anpassung um jeden Preis, auch um den des Verrats an der Tradition, bedeute.

Wer heute Theologie studiert, sieht im letzten Konzil primär Kirchengeschichte. Partizipation und Synodalität waren seinerzeit weniger im Blick. Heute sind sie wichtiger denn je und keineswegs Mode- oder Zeitgeistthemen. Beteiligung schafft Identifikation. Das Gegenteil bewirkt Entfremdung. Der (Massen-)Exodus erfolgt inzwischen lautlos, ohne viel Aufhebens. Kann das einem Bischof, kann das einem Papst egal sein?

Die viel zitierten »Zeichen der Zeit«, von denen die Pastoralkonstitution »Gaudium et spes« (GS 4)[299] spricht, sind zu dechiffrieren, um daraus die richtigen Schlüsse zu ziehen: Vor dieser Herausforderung stehen wir auch heute. Wer sich ihr nicht stellt, überlässt das Feld anderen. Ob der »Geist des Konzils«, die grundsätzlich positive Hinwendung zur Welt und eine wohlwollende Sicht auf sie dabei nicht helfen – mehr als wir gemeinhin annehmen wollen? Ob wir von Johannes XXIII., dem inzwischen heiliggesprochenen Konzilspapst, nicht auch noch heute lernen können?

Vieles ist geklärt. Anderes nach wie vor offen. Die verschiedenen Beiträge zur Erforschung dieses Konzils sind beinahe uferlos. »Zur Rezeption und Interpretation des Konzils der Metaphern«[300] sind wir nach wie vor aufgerufen, auch um neue Fragen im Geist des Konzils angehen und vielleicht sogar lösen zu können. Dringlicher denn je ist die Frage der Möglichkeit der Weihe von Frauen[301], wo die Debatte trotz erbitterten Widerstands weitergeht und sich nicht durch vatikanische Dekrete unterbinden lässt. Auch wenn man die Dignität langer Traditionen berücksichtigt: Wie legitim ist dabei die Berufung auf die »Praxis Jesu« (noch)? Es muss doch zu denken geben, dass auch Kardinäle und Bischöfe sich die Frauenweihe vorstellen können und wünschen, wohingegen für manche die Frage der Weihe in Beruf und Familie und Glauben bewährter Männer (»viri probati«) fast schon als Auslaufmodell erscheint. Es braucht echte, keine Not- oder Scheinlösungen.

Das Zweite Vatikanum war ein Musterbeispiel für das fruchtbare Miteinander von Bischöfen und Theologen[302]. Nie wurde ein Zweifel daran gelassen, dass ein Konzil kein Theologenkongress ist. Aber die Bischöfe waren demütig genug zu wissen, dass sie auf theologische Expertise angewiesen sind. Die Theologen ihrerseits wussten, dass es nicht darum geht, »ihre« Lieblingsideen lehramtlich absegnen zu lassen, indem sie ihre Theorien den Bischöfen unterjubelten. Genau das wäre aber passiert, wenn die vorbereiteten Schemata, die in der Vorkonzilszeit erarbeiteten Entwürfe, die lediglich die römische Schultheologie wiedergaben und nur festgeschrieben hätten, was ohnehin bekannt war, ins Konzil eingeflossen wären. Bekanntlich wurden 90 % dieser Texte von den Bischöfen verworfen.

Theologie stellt kein Parallellehramt dar, Theologinnen und Theologen bilden kein Schattenkabinett. Papst Johannes Paul II. hat viele Theologen zu Bischöfen ernannt – in der Hoffnung, damit das theologische Profil der Bischofskonferenzen zu schärfen. Für die Theologie war dieser Raubbau ein Verlust, für die Bischofskonferenzen ein Gewinn. Aber wenige Bischöfe schafften den Spagat, zwischen Amt und Charisma zu unterscheiden, wie etwa der Mainzer Bischof Karl Lehmann, der, 1983 ernannt, von 1987 bis 2008 die Deutsche Bischofskonferenz als Vorsitzender leitete. Bei etlichen Problemzonen und Reibeflächen zwischen Theologie und Bischöfen wirkte er jahrzehntelang als begnadeter Vermittler.

Die Auseinandersetzung zwischen der großen Mehrheit der Bischöfe und der Minderheit, die jede Weiterentwicklung oder gar Reform des Status quo verhindern wollte, prägte den gesamten Konzilsverlauf. Die Auseinandersetzung war besonders dadurch belastet, dass der Minderheit große Teile der Römischen Kurie angehörten. Diese hatte ungehinderten Zugang zum Papst und versuchte mit allen Mitteln, auch mit richtiggehenden Drohungen und Erpressungsversuchen, zu erreichen, dass der Papst – seit der zweiten Sitzungsperiode Paul VI. – in ihrem Sinn intervenierte, wenn ihnen etwas von der – ihrer – Norm abzuweichen drohte. Auch der Generalsekretär des Konzils, Erzbischof Pericle Felici (1911–1982), stand auf der Seite der Minorität. Er hatte zahlreiche Möglichkeiten, durch geschickte, ja nicht selten manipulative Handhabung der Geschäftsordnung den Gang des Konzils in die Richtung der von der Minorität vertretenen Positionen zu lenken, wobei er sich auch dann auf eine »höhere Instanz« berief, um etwas durchzudrücken oder zu unterbinden, wenn diese – der Papst – gar nicht damit befasst war: Es gelang ihm, »das Generalsekretariat des Konzils von einem eher administrativ-koordinierenden Organ zu einem hinter den Kulissen wirkenden Macht- und Leitungszentrum der Konzilsarbeiten umzuwandeln. (…) Besonders 1964 hatte er faktisch eine Art ›Vorsitz‹ über das Konzil inne und fungierte als Emissär Pauls VI. gegenüber der Konzilsversammlung, wie z. B. in der Episode um die *Nota explicativa praevia*.«[303]

Trotzdem setzte sich in allen wesentlichen Punkten die Mehrheit durch, allerdings um den Preis, dass man sich häufig auf Kompromissformeln einigte, die der Minderheit entgegenkamen, aber die eigentlich intendierten Aussagen verwässerten und verunklarten – was dann nach dem Konzil zu nicht wenigen bekannten Schwierigkeiten führte. Vieles, was neunzig Jahre vorher auf dem Ersten Vatikanum verurteilt oder als mit dem katholischen Glauben als unvereinbar zurückgewiesen worden war – Gewissens-, Meinungs- oder Religionsfreiheit, demokratische Ordnung –, wurde nun positiv gewürdigt.

Alle verabschiedeten Dokumente, nicht nur die dogmatisch »schwergewichtigen« (vier) Konstitutionen, sind verbindlicher Ausdruck eines Gesamtgeschehens. Mario von Galli resümierte 1966 über die Konzilsteilnehmer: »Es wäre viel zu wenig, wenn man sagen wollte, sie haben nur Texte verfasst, Konzilsdokumente hergestellt, Papier beschrieben, und das ist alles, was übrigbleibt. Viel mehr ist geschehen. Ein Geist hat alle erfasst, das Papier ist nur der Leichnam. Dieser Geist, der sich in Worten nicht ausdrücken und ohne den sich das Geschriebene gar nicht richtig verstehen lässt, wird weiterleben, sich jetzt verstreut über die Erde entfalten; er wird nicht nur die katholische Kirche oder – noch enger gesehen – die Bischöfe allein beseelen, auch die Vertreter der anderen christlichen Kirchen tragen ihn hinaus, und das Orchester der öffentlichen Meinungsträger hat eine Melodie erlernt, die es jetzt abwandeln und variieren wird allüberall.«[304]

War das zu optimistisch? Ist eine solche Einstellung überholt? Tatsache ist, dass die römisch-katholische Kirche mit dem Ende des Konzils auf dem Höhepunkt ihres Ansehens stand. Sie war zur Partnerin der modernen Welt geworden: dialog- und reformfähig. »Ich weiß nicht«, so Galli weiter, »aber vielleicht liegt hier der Hauptgewinn dieses Konzils: Der Vorzug vor allen sauberen Formulierungen der Wahrheit wurde dem reinen Herzen gegeben – nicht nur in der Ökumene, im ganzen Denken der Kirche – bis in das Ministerium für Glauben und Sitte. Ist das wenig? Ich glaube nicht – denn nicht einmal heute ist das für alle selbstverständlich.«[305] Dass dann am Ende des Konzils Paul VI. das Hl. Offizium, die frühere Inquisition, umbenannt hat in die »Kongregation *für* die Glaubenslehre«, dass die älteste der früheren Kongregationen, die sich zeitweise anmaßte, die höchste und wichtigste (»suprema congregatio«) zu sein, seit dem Pfingstsonntag 2022 mit dem In-Kraft-Treten der Apostolischen Konstitution »Praedicate Evangelium« *ein* (gleichberechtigtes) »Dikasterium« unter anderen ist, hat mit dem Konzil zu tun. Abgesehen davon, dass für Papst Franziskus das neugeschaffene Dikasterium für die Evangelisierung Priorität hat: Dialog statt Abwehr und Rundumverteidigung um jeden Preis, auch um den der intellektuellen Redlichkeit.

Natürlich hat das Konzil nicht auf alle Fragen eine Antwort gefunden, die sich der Kirche in unserer Zeit stellen. Damit wäre es mit gerade einmal vier Sitzungsperioden überfordert gewesen. Darüber hinaus hat sich die Welt seither verändert. Es sind neue Probleme aufgetaucht. Das Konzil hat jedoch auch im Blick auf alle diese Themen eine bedeutende Leistung vollbracht: Es hat für die Suche nach der Lösung Wege gezeigt: nämlich den Dialog, die offene Auseinandersetzung, in der ein Konsens gesucht wird. Das ist etwas prinzipiell Neues gegen die vor dem Konzil allein geltende und praktizierte Problemlösung durch Weisung und Dekrete von oben. Hier freilich liegt auch heute noch einiges im Argen, und an dieser Entwicklung ist das Konzil nicht völlig unschuldig.

Zwei Defizite sind in aller Kürze zum Schluss zu benennen: 1. Der Papst wird in den Konzilstexten weiterhin als absoluter Monarch gesehen. Die Einseitigkeiten des Ersten Vatikanums bestehen fast unvermindert weiter. Die Bischöfe sind nach wie vor weisungsgebundene Beamte des Papstes. Zum Ausgleich haben sie mehr Macht in ihren Diözesen bekommen. Dort wurden sie eine Art kleiner Papst.

– Andererseits ist klar zu erkennen, dass gerade Papst Franziskus hier gegensteuert, indem er das Thema Synodalität und damit einen neuen (alten) Beratungs- und Leitungsstil fördert. Kollegialität und Dezentralisierung stehen ganz oben auf seiner Agenda.

2. Für das Verhältnis des Papstes zu den Bischöfen, der Bischöfe zu den Priestern und zum Volk ihrer Diözese hat das Konzil keine rechtlichen, institutionellen Regelungen getroffen. Pflichten, vor allem Gehorsamspflichten, haben nur die jeweiligen Untergebenen. Für die obere Ebene gibt es bloß moralische Ermahnungen und Appelle. So heißt es, die Bischöfe sollen »gern« den Rat der Laien benutzen. Was die Laien ihnen vorlegen, sollen sie »aufmerksam in Christus in Erwägung ziehen« (LG 37). Wenn das Konzil gehofft haben sollte, solche Ermahnungen und das Idealbild eines familiären Umgangs zwischen »Hirten« und »Herde« reichten aus, wirkt das sechzig Jahre später reichlich romantisch, ja realitätsfremd. Solange es nicht rechtlich verbindlich festgelegt ist, wann und wie die Bischöfe sich beraten lassen müssen, ob es eine Begründungspflicht gibt, wenn sie sich anders entscheiden usw., hängt es allein von der Qualität ihrer Persönlichkeit ab, ob sie ihr Amt kollegial-dialogisch verstehen oder ob sie es sozusagen wie ein Despot ausüben. Grund für dieses Defizit des Konzils ist einmal ein naives Vertrauen der Konzilsmitglieder, die Kurie würde diese Regelungen im Sinn des Konzils erlassen; und dann, vielleicht sogar in erster Linie, die bedauernswerte und verhängnisvolle Tatsache, dass bei vielen Bischöfen der Sinn für die unerlässliche Notwendigkeit rechtlicher Regelungen offensichtlich fehlt.

Die Aussage des Konzils über die Religionsfreiheit wurde weder von den Päpsten noch von der Kurie jemals in Frage gestellt. Vor allem Papst Johannes Paul II. – er war als Weihbischof, ab 1964 als Erzbischof von Krakau auf dem Konzil anwesend, brachte sich aber, abgesehen vom Thema Empfängnisregelung (wo er Paul VI. und seiner »Pillenenzyklika« vorausarbeitete), vor allem bei klassischen Themen des Ostblocks ein – trat mit großer Energie immer wieder für die Religionsfreiheit und die Menschenrechte ein.

In den meisten anderen Bereichen hat Rom nach dem Konzil oft so weitergemacht wie vorher. Das ist ein wesentlicher Grund des Unbehagens, das viele in der Kirche heute empfinden. Entfremdungen waren die Folge. Verbal wird zwar stets die Treue zum Konzil betont. In der Sache aber wurden fast alle konziliaren Beschlüsse und Dokumente – mit Ausnahme der Religionsfreiheit – von der Kurie ausgebremst, häufig einfach durch entgegengesetzte Anordnungen ersetzt. Beim Abschluss des Konzils hatte Paul VI. für die Durchführung der Konzilsbeschlüsse Kommissionen errichtet, deren Mitglieder Konzilsbischöfe und Konzilstheologen waren und die unabhängig von der Kurie die Ausführungsbestimmungen der Konzilsbeschlüsse erarbeiten sollten. Das gelang aber nur – und auch das nur für einige Jahre – für die Liturgiereform. Alle anderen Kommissionen wurden von Anfang an von der Kurie vereinnahmt, so dass die meisten noch nicht einmal zusammentraten.

Der Blick auf die Jahre 1962 bis 1965 zeigt auch: Die Ansätze des Konzils zu dem neuen Kirchenbild des Dialogs und der Offenheit wurden da und dort zurückgedrängt zugunsten einer Restauration des alten Kirchenverständnisses, in dem die Probleme nicht durch offene Diskussion, sondern nur durch autoritative Weisungen von oben gelöst werden. Mittlerweile wächst, gefördert durch Papst Franziskus, die Eigenständigkeit der Ortskirchen. Bischöfe sind nicht mehr nur Befehlsempfänger des Papstes und der Kurie. Die Aussagen des Konzils freilich, dass die Bischöfe »Stellvertreter und Gesandte Christi« und »nicht als Stellvertreter der Bischöfe von Rom zu verstehen« sind (LG 27), wurden im neuen Codex Iuris Canonici einfach weggelassen. Hier besteht Nachholbedarf.

Bei allen zentralistischen Systemen – vor allem bei der absolutistischen, keiner institutionellen Beschränkung oder Kontrolle unterworfenen Stellung des Papstes – war der Informationsfluss von unten nach oben erheblich gestört. Es kam kaum mehr vor, dass die Spitze wahrheitsgemäß über die Probleme und die Stimmung an der Basis informiert wird – was sich bei Bischofsbestellungen oft fatal auswirkte. Ganz abgesehen davon, dass jedes zentralistische, absolutistische System ein Tummelplatz für Denunzianten, Intriganten und Schmeichler ist. Dass nun ein Papst Franziskus permanent zu paulinischem Freimut (*parrhesia*) aufruft und bei den Synoden darauf bestand, die eigene Meinung zu sagen und nicht dem Papst nach dem Mund zu reden, ist neu. Und ungewohnt. Mehrmals hat Franziskus angedeutet, dass viele Synodenteilnehmer genau diese Offenheit und Direktheit, aus welchen Gründen auch immer, nicht gewagt hätten.

In seiner Weihnachtsansprache an die Römische Kurie von 2019 zitierte Franziskus aus dem Roman »Der Leopard« von Giuseppe Tomasi di Lampedusa: »Wenn wir wollen, dass alles so bleibt, wie es ist, muss sich alles verändern.«[306] Unmittelbar vorher drückte er seine Überzeugung aus, dass »die Epoche, in der wir leben«, längst »nicht nur eine Epoche der Veränderungen, sondern die eines Epochenwandels« ist: »Wir stehen also an einem der Momente, in denen die Veränderungen nicht mehr linear sind, sondern vielmehr epochal«. Diese Situation ähnelt in manchem der der Jahre 1962 bis 1965!

Das Konzil begann seinerzeit nicht bei einem Nullpunkt. Es konnte nur deswegen in einem solchen Ausmaß gelingen, weil alle Wege bereits gebahnt waren, nämlich durch die theologischen Aufbruchsbewegungen in der ersten Hälfte des 20. Jahrhunderts: die Bemühungen um die Erneuerung der Liturgie, die ökumenische Bewegung, die Jugendbewegung und vieles andere mehr. Diese Entwicklungen spielten sich vor allem in Frankreich, Belgien, Holland und im deutschen Sprachraum ab. Hier war gleichsam das Experimentierfeld, in dem das Neue konzipiert und erprobt wurde. Das Konzil hat das in diesem umfassenden Prozess Erarbeitete aufgenommen und mit der höchsten kirchlichen Autorität sanktioniert. Wer diese Entwicklungen kannte, für den brachte das Konzil nichts Neues. Das eigentlich Neue bestand darin, dass das nun offizielle Lehre und Praxis der Kirche wurde – und das war natürlich allein schon ein epochales Ereignis.

Das gesamte Ereignis des Konzils mit den offenen Diskussionen, der Besinnung auf das Wesentliche, der Bereitschaft, Traditionen, Formen und Verhaltensweisen zu überprüfen und auch zu ändern, die Öffnung zu den anderen Christen, zu den nichtchristlichen Religionen und zur

Welt, der grundsätzliche Wille zum Gespräch mit allen hat der Kirche damals in der Weltöffentlichkeit eine Resonanz und ein Ansehen verschafft, wie man es sich heute kaum mehr vorstellen kann. Dass eine Institution, die man allgemein als verkrustet und völlig reformunfähig ansah, auf einmal begann, ihre Lehren, Formen und Verhaltensweisen zu überprüfen und auch zu ändern, wurde zuerst mit fast ungläubigem Erstaunen, dann mit wachsender Bewunderung wahrgenommen. So wurde das Zweite Vatikanum zu einem Jahrhundertereignis, ja zu einer Sternstunde der Kirche. Wie man dann mit dieser Sternstunde umging, dass die darin liegenden Chancen ergriffen und manchmal auch wieder verspielt wurden, weil »Rom« den Bischöfen oder den Bischofskonferenzen zugestandene Kompetenzen wieder »kassierte«, steht auf einem anderen Blatt.

Erstaunt nahm ich beim Nachschlagen eine Einschätzung von Joseph Ratzinger zur Kenntnis. Im Rückblick auf die erste Konzilsperiode meinte er vor dem Hintergrund der heftigen und deswegen, wie geschildert, verschobenen Debatte über das Verhältnis von Schrift und Überlieferung: »Die eigentliche Frage, die im Hintergrund der Diskussion stand, könnte man wohl so formulieren: Soll die antimodernistische Geisteshaltung, die Linie der Abschließung, der Verurteilung, der Defensive bis zur fast ängstlichen Ablehnung hin fortgesetzt werden oder will die Kirche, nachdem die nötige Abgrenzung besorgt ist, ein neues Blatt aufschlagen und in eine neue, positive Begegnung mit ihren Ursprüngen, mit ihren Brüdern, mit der Welt von heute treten? Dadurch, dass sich eine so deutliche Mehrheit des Konzils für die zweite Alternative entschied, ist dieses Konzil zu einem neuen Anfang geworden. Es ist damit auch über den Rang einer Fortsetzung des Ersten Vatikanischen Konzils hinausgewachsen; denn Trient und Vaticanum I dienten der abschließenden Bewegung, der Sicherung und der Begrenzung, das gegenwärtige Konzil hat sich auf dem Boden des dort Geleisteten einer neuen Aufgabe zugewandt. Von dieser Grundentscheidung her, die fortwährend im Hintergrund des Ganzen stand, sind auch die beiden Hauptargumente zu verstehen, die immer wieder zu hören waren und sich auf die Intentionen des Papstes berufen konnten und beriefen: das Argument, die Texte müssten pastoral und ihre Theologie müsse ökumenisch sein.«[307]

Ich meine, dass diese Beobachtung auf das gesamte Konzil und seine Interpretation zutrifft. Sie erfolgte von einem, der wie Karl Rahner die Chance ergriff, sich innovativ auf dem Konzil einzubringen, das er im Nachgang, nun als Erzbischof einer großen Diözese, dann als Kurienkardinal und später als Papst, gegen Missverständnisse verteidigte, wenn auch in sehr ambivalenter, zunehmend defensiver Art und Weise. Ich hätte Ratzinger diese Sicht, zu meiner Schande, gar nicht zugetraut, weil ich den Theologen Ratzinger immer noch zu sehr von seinen (oft doch sehr anders gelagerten) Positionen als Präfekt der Glaubenskongregation und als Papst lese. Was er hier einschärfte – und seine Rückblicke auf die vier Konzilsperioden wurden stark beachtet –, hat mit dem Geist des Konzils zu tun. Ratzinger präzisierte: »›Pastoral‹ sollte nicht heißen: verwaschen und unpräzis, sondern es sollte heißen: frei von Schulgezänk, ohne Einmischung in Fragen, die nur die Gelehrten angehen, ohne

weitere Beschneidung der Diskussionsmöglichkeit unter
ihnen in einem Zeitpunkt, in dem alles voller neuer Aufgaben ist und eine offene Auseinandersetzung von ihnen
verlangt. ›Pastoral‹ sollte endlich heißen: ohne die Sprache
der Schule (die dort, nämlich in der Schule ihren Sinn hat
und notwendig ist, aber nicht in die Verkündigung und
ins Glaubensbekenntnis hineingehört), in der Sprache der
Schrift, der Väter, des Menschen von heute – einfach in
der lebendigen Sprache des allzeit einen Menschen. Und
›ökumenisch‹ sollte nicht heißen: Verschweigen von Wahrheiten, um die anderen nicht zu verstimmen. Was wahr
ist, muss offen gesagt werden, ohne Verbergen; die volle
Wahrheit ist ein Teil der vollen Liebe. ›Ökumenisch‹ sollte vielmehr heißen: dass man aufhört, die anderen bloß als
Gegner zu sehen, gegen die man sich verteidigt (…); dass
man versucht, sie als Brüder zu erkennen, mit denen man
spricht und von denen es auch zu lernen gibt.«[308]

Das könnte ein Papst Johannes XXIII. gesagt haben!
Auch ein Karl Rahner oder ein Yves Congar! Zu diesem
Geist der Aufgeschlossenheit, der Bereitschaft, uns auf die
Welt (mit all ihren Ambivalenzen, Abgründen und Wider-
sprüchlichkeiten) einzulassen, müssen wir zurückfinden!
Um aus diesem »Geist« heraus die Herausforderungen
unserer Tage entschlossen, mutig, ohne Pessimismus oder
Weltuntergangsstimmung anzugehen. Wir dürfen diese unsere Zeit und genau so wenig die Kirche nicht den
heutigen »Unglückspropheten« überlassen, die alles nur in
den Kategorien von schwarz und weiß sehen wollen und
meinen, mit einfachen Formeln auf hochkomplexe Fragen
reagieren zu können, so einprägsam und vordergründig

überzeugend manche ihrer Analysen auch daherkommen mögen. Dann erweisen wir uns als Kinder des Zweiten Vatikanums und seines »Geistes« – eben: Aus dem Konzil geboren!

Nicht schlecht brachten auf dem Konzil kursierende Witze die sich stellenden Alternativen auf den Punkt – und ohne Humor soll auch dieses Buch nicht schließen. Hans Küng liefert dafür einige »Kostproben«: Die Kardinäle Ottaviani und Ruffini setzten sich in ein Taxi und wollten sich »Zum Konzil« fahren lassen. Dann merken sie, dass der Taxifahrer in Richtung Norden fährt: »›Falsch!‹ rufen sie. ›Ach‹, sagt der Chauffeur, ›ich dachte, die Herren wollen nach Trient!‹ (…) Kein Witz ist dagegen«, so Küng im Anschluss, »dass Ottaviani schon in der Zentralkommission vor dem Konzil – angeblich nach einer Rede Montinis – geäußert habe: ›Ich bete zu Gott, dass ich vor dem Ende des Konzils sterben kann – so kann ich wenigstens als Katholik sterben.‹«[309]

Papst Franziskus kennt diesen Witz vermutlich nicht. Doch in seiner Analyse, was Widerstände gegen das letzte Konzil angeht, das er vielerorts für »geknebelt« hält, kommt er zu einem ähnlichen Schluss. Bei einer Begegnung mit Chefredakteurinnen und -redakteuren europäischer Kulturzeitschriften des Jesuitenordens meinte er im Mai 2022: »In der europäischen Kirche sehe ich mehr Erneuerung in den spontan entstehenden Dingen: Bewegungen, Gruppen, neue Bischöfe, die sich daran erinnern, dass ein Konzil hinter ihnen steht. Denn das Konzil, an das sich manche Hirten am besten erinnern, ist das Konzil von Trient. Und was ich sage, ist kein Unsinn. Die Restauration ist gekommen, um das Konzil zu knebeln. Die Zahl der Gruppen von ›Restauratoren‹, von denen es zum Beispiel in den Vereinigten Staaten viele gibt, ist überwältigend. Ein argentinischer Bischof erzählte mir, dass er gebeten worden war, eine Diözese zu verwalten, die in die Hände dieser ›Restauratoren‹ gefallen war. Sie hatten das Konzil nie akzeptiert. Es gibt Ideen und Verhaltensweisen, die von einer Restauration herrühren, die das Konzil grundsätzlich nicht akzeptiert hat. Das Problem ist nämlich, dass das Konzil in einigen Bereichen noch nicht akzeptiert wurde. Es ist auch wahr, dass es ein Jahrhundert dauert, bis ein Konzil Wurzeln schlägt. Wir haben also noch vierzig Jahre Zeit, um es zu etablieren!«[310]

Karl Rahner sah es in seiner Münchner Festrede zum Abschluss des Konzils voraus: Es werde »lange dauern«, bis die Kirche, »der ein II. Vatikanisches Konzil geschenkt wurde«, auch wirklich (und wirksam) »die Kirche *des* II. Vatikanischen Konzils sein wird«. Sechzig Jahre Zweites Vatikanum: Es lohnt, sich neu darauf zu besinnen und das Potential dieses Konzils auszuschöpfen!

Anmerkungen

Kapitel 1: Wir Kinder des Konzils

1 Krätzl, Das Konzil – ein Sprung vorwärts, 7.

2 Krätzl, Mein Leben für eine Kirche, die den Menschen dient, 25.

3 »Die theologischen Teenager sind auf dem Konzil große Mode geworden« (Michael Schmaus); zitiert nach: Leitgöb, Dem Konzil begegnen, 152.

4 Vgl. auch Wassilowsky, Einblick in die »Textwerkstatt« einer Gruppe deutscher Theologen auf dem II. Vatikanum, in: Wolf – Arnold, 61–87.

5 Vgl. Batlogg, Karl Rahner auf dem Konzil.

6 Vgl. Wassilowsky, Zweites Vatikanum – vergessene Anstöße, gegenwärtige Fortschreibungen.

7 Vgl. Böttigheimer – Dausner, Vaticanum 21.

8 Vgl. dies., Das Konzil eröffnen.

9 Vgl. Batlogg, Karl Rahner und Joseph Ratzinger – und das Zweite Vatikanum.

10 Vgl. Rahner, »Es ist merkwürdig bei einem Konzil«.

11 Batlogg – Klein, Kollektive Wahrheitsfindung auf dem Zweiten Vatikanum.

12 Rahner, »Es ist merkwürdig bei einem Konzil«, 594.

13 Batlogg – Klein, La scoperta della verità al concilio Vaticano II.; dies., Dietro le quinte del Vaticano II.

14 Der Nachlass des Liturgiewissenschaftlers Josef A. Jungmann SJ (1889–1975), der dem Innsbrucker Bischof Paulus Rusch als Berater zur Seite stand, befindet sich als Dauerleihgabe des Innsbrucker Jesuitenkollegs in der Bibliothek der Theologischen Fakultät Innsbruck.

15 Batlogg – Brodkorb – Pfister, Vorwort, in: dies., Erneuerung in Christus, 11–15, 12.

16 Ratzinger, Zur Lage des Glaubens, 6.

17 Kaufmann, Was neu beleben, wo anknüpfen?, 225.

18 Seeber, Nach vorne schauen, 493.

19 Ebd.

20 Seeber, Die Abrechnung des Kardinals.

21 Ratzinger, Zur Lage des Glaubens, 36. – In einer über zwei Seiten gehenden Anmerkung geht Ratzinger (ebd.) ausführlich auf den Begriff »Restauration« ein, nachdem ihn Messori bzw. die Redak-

tion auf den Wirbel aufmerksam gemacht hatten, den er damit ausgelöst hatte.

22 Seibel, Restauration, 577.

23 Ratzinger, Zur Lage des Glaubens, 33.

24 Vgl. Lintner, Von Humanae vitae bis Amoris laetitia, 10.

25 Ebd., 16.

26 Promulgation von Johannes Paul II. (25. Januar 1983), in: Codex des Kanonischen Rechtes, VIII–XXVII, hier XIX.

27 Ebd., XXI.

28 Vgl. Demel, Wer interpretiert wen?

29 Lorenzer, Das Konzil der Buchhalter, 9.

30 Vgl. ebd., 179–212.

31 Vgl. Beinert, Ein Grundsatzkonflikt.

32 Zitiert nach: www.nzz.ch/feuilleton/missbrauchsskandal-die-kirche-ist-opfer-ihrer-reform-ld.1668752.

33 Zitiert nach: www.vatican.va/content/paul-vi/it/homilies/1972/documents/hf_p-vi_hom_19720629.html.

34 Kaufmann – Klein, Johannes XXIII., 16.

35 Ebd., 17.

36 Zulehner, Zum Geleit, in: Schaffelhofer, Werft die Fesseln ab!, 11 f.

37 Bettazzi, Das Zweite Vatikanum, 9.

38 Ebd., 125.

39 Zitiert nach: www.vatican.va/content/benedict-xvi/de/speeches/2005/december/documents/hf_ben_xvi_spe_20051222_roman-curia.html.

40 Vgl. Gerhards, Ein Ritus – zwei Formen.

41 Bischof, Das Konzil – »Ein neues Pfingsten« (Johannes XXIII.), 414.

42 Ratzinger, Zur Lage des Glaubens, 26. – Das Interview wurde auch in die Edition der Gesammelten Schriften von Ratzinger aufgenommen, dort mit einem neuen Vorwort vom Januar 2007, in welchem Benedikt XVI. auf Reaktionen eingeht; vgl. Gesammelte Schriften 13/1, 27–204 (Vorwort: 29–31).

43 Zitiert nach: www.vatican.va/content/francesco/de/apost_letters/documents/20220629-lettera-ap-desiderio-desideravi.html.

44 Vgl. dazu meinen Kommentar »Papst Franziskus zur liturgischen Bildung: ein Bekenntnis zum Zweiten Vatikanischen Konzil« in: https://andreas-batlogg.de/2022/06/papst-franziskus-zur-liturgischen-bildung-ein-bekenntnis-zum-zweiten-vatikanischen-konzil/.

45 Spadaro, Das Interview mit Papst Franziskus, 57.

Kapitel 2: »Damit aus diesem Anfang des Anfangs ein richtiger Beginn werde«

46 Pinzl, Das Konzil ist beendet – das Konzil beginnt, 12.

47 Ebd., 13.

48 Zitiert nach: Rehm – Sittner, Aufgaben, die das Konzil der Kirche stellt, 15.

49 Zitiert nach: Batlogg – Raffelt, Nachwort der Herausgeber, in: Rahner, Das Konzil – ein neuer Beginn, 79 f. (Original in: KRA II, A, Döpfner).

50 Lehmann, Hinführung, in: Rahner, Das Konzil – ein neuer Beginn, 16.

51 Ebd., 14 f.

52 Rahner, Das Konzil – ein neuer Beginn, 37.

53 Ebd., 48.

54 Ebd., 49 f.

55 Ebd., 52 f.

56 Wassilowsky, Universales Heilssakrament Kirche, 11; ausführlicher ebd., 67–72.

57 Rahner, Das Konzil – ein neuer Beginn, 57.

58 Ebd., 51.

59 Tück, Das Konzil – »ein großartiges Werk des Heiligen Geistes«. Vorwort zur zweiten Auflage, in: ders., Erinnerung an die Zukunft, 10.

Kapitel 3: Papst Johannes XXIII. oder: ein »Pontifikat des Übergangs«

60 Vgl. Neuner, Der lange Schatten des II. Vatikanums.

61 Karrer, Kirche wohin?, 216.

62 Alberigo, Die Ankündigung des Konzils, 2.

63 Vgl. Elliott, Johannes XXIII., 263.

64 Zitiert nach: Pesch, Das Zweite Vatikanische Konzil, 50; vgl. Caprile, Il Concilio Vaticano II (Cronache). Bd. I/1, 51; Elliott, Johannes XXIII., 268; Alberigo, Die Ankündigung des Konzils, 2.

65 Leitgöb, Dem Konzil begegnen, 15.

66 Vgl. Alberigo, Die Ankündigung des Konzils, 19.

67 Bischof, »Der Kairos …«, 29.

68 Bischof, Das Konzil – »Ein neues Pfingsten« (Johannes XXIII.), 416.

69 Vgl. Bischof, »Der Kairos …«, 29, Anm. 41.

70 Zitiert nach: Bischof, Das Konzil – »Ein neues Pfingsten« (Johannes XXIII.), 413.

71 Vgl. die Details bei Bischof,»Der Kairos …«, 54–60.
72 Beinert, Ein Konzil in unserer Zeit – Ein Konzil für unsere Zeit?, 109.
73 Bischof,»Der Kairos …«, 32.
74 Vgl. Elliott, Johannes XXIII., 265; vgl. Pesch, Das Zweite Vatikanische Konzil, 64.
75 Seibel, Johannes XXIII., 8.
76 Vgl. Sievernich, Die»Pastoralität« des Zweiten Vatikanischen Konzils, in: Delgado – ders., 35–58.
77 Alberigo, Art. Aggiornamento; vgl. Bredeck, Aggiornamento, in: Delgado – Sievernich; außerdem die frühe Studie eines Vorarlberger Priesterautors: Willam, Vom jungen Angelo Roncalli 1903–1907 zum Papst Johannes XXIII. 1958–1963.
78 Alberigo, Aggiornamento.
79 Schick, Ein Jahrhundertereignis, 805.
80 Widmann, Aggiornamento hieß das Losungswort, in: dies., Die Bilder der Bibel von Sieger Köder, 200.
81 Alberigo, Die Ankündigung des Konzils, 46.
82 Vgl. Schatz, Fragen zur Seligsprechung Pius' IX.; Conzemius, Seligsprechung im Widerstreit.
83 Seibel, Johannes XXIII., 59.

Kapitel 4: Ein Blitzkonzil …?

84 Galli – Moosbrugger, Das Konzil und seine Folgen, 133.
85 Zitiert nach: Deckers, Der Kardinal, 97 f.
86 Alberigo, Die Ankündigung des Konzils, 14.
87 Karl Rahner und Herbert Vorgrimler beschäftigten sich ausführlich mit der Thematik!
88 Vgl. Brodkorb – Burkhard, Der Kardinal der Einheit; Pfister, Ein Mann der Bibel.
89 Dokumentation in: www.vatican.va/content/john-xxiii/it/apost_constitutions/1961/documents/hf_j-xxiii_apc_19611225_humanae-salutis.html.
90 Ausführliche Analyse bei Wittstadt, Am Vorabend des Zweiten Vatikanischen Konzils, in: Alberigo – ders., Geschichte des Zweiten Vatikanischen Konzils, Bd. 1, bes. 490–497.
91 Zitiert nach: Batlogg, Karl Rahner SJ auf dem Zweiten Vatikanischen Konzil, 112.
92 Zitiert nach ebd.
93 Zitiert nach ebd.

94   Vgl. Wassilowsky, Karl Rahners gerechte Erwartungen ans II. Vatikanum (1959, 1962, 1965), in: ders., Zweites Vatikanum.

95   Vorgrimler, Vorwort, in: Leitgöb, Dem Konzil begegnen, 8.

96   Zitiert nach ebd.

97   Vorgrimler, Aus den Konzilsgutachten für Kardinal König, in: Rahner, Sehnsucht nach dem geheimnisvollen Gott, 95.

98   Sämtliche Rahner-Zitate sind belegt bei Batlogg, Karl Rahner SJ auf dem Zweiten Vatikanischen Konzil, 113–117.

99   Vorgrimler, Aus den Konzilsgutachten für Kardinal König, 150.

100 Ebd.

101 Žak, Konzils-Notizen, 9; zitiert nach: Leitgöb, Dem Konzil begegnen, 154.

102 Vgl. dazu Siebenrock, »Meine schlimmsten Erwartungen sind weit übertroffen«, in: Wittstadt – Verschooten, 121–139.

103 Vgl. Kellner, Karl Rahner und die Paulus-Gesellschaft, in: Imhof – Biallowons.

104 Vgl. dazu Vorgrimler, Karl Rahner verstehen, 179–186.

105 Lehmann, Karl Rahner, in: Vorgrimler – Vander Gucht, Bilanz der Theologie im 20. Jahrhundert, 143–181, 148.

106 Zitiert nach: Batlogg, Karl Rahner SJ auf dem Zweiten Vatikanischen Konzil, 123.

107 Henrici, Das Heranreifen des Konzils, 496.

108 Eine italienische Übersetzung erschien erst 1968.

Kapitel 5: … oder »ein Sprung nach vorn«?

109 Vgl. Pesch, Das Zweite Vatikanische Konzil, 65–75.

110 Komonchak, Der Kampf für das Konzil während der Vorbereitung (1960–1962), in: Alberigo – Wittstadt, Geschichte des Zweiten Vatikanischen Konzils, Bd. 1, 189–401, 189.

111 Wittstadt, Am Vorabend des Zweiten Vatikanischen Konzils, 489.

112 Zitiert nach ebd., 490.

113 Zitiert nach ebd., 493.

114 Ebd., 495.

115 Galli – Moosbrugger, Das Konzil und seine Folgen, 133.

116 Vgl. Wittstadt, Am Vorabend des Zweiten Vatikanischen Konzils, 499.

117 Ebd.

118 Vgl. zu den Hintergründen Fogarty, Das Konzil beginnt, in: Alberigo – Wittstadt, Geschichte des Zweiten Vatikanischen Konzils, Bd. 2, bes. 112–124.

119 Vgl. Städter, »In den Schuhen des Fischers«, bes. 153–162.

120 Leitgöb, Dem Konzil begegnen, 19.

121 Pesch, Das Zweite Vatikanische Konzil, 75.

122 Leitgöb, Dem Konzil begegnen, ebd. – Interessant sind die Eindrücke, die Congar (Mon Journal du Concile, 105–110) festhielt, der sich am barocken Rahmen stieß.

123 Galli – Moosbrugger, Das Konzil und seine Folgen, 14.

124 Küng, Erkämpfte Freiheit, 358.

125 Ebd., 359.

126 Ebd., 360.

127 Ebd., 361.

128 Wassilowsky, Symbolische Inszenierung päpstlicher Autorität in Vormoderne und Moderne.

129 Vgl. Krätzl, Im Sprung gehemmt, 14.

130 Krätzl, Meine Kirche im Licht der Päpste, 36.

131 Ebd.

132 Ebd., 43.

133 Ebd. – Diese Begegnung mit dem damaligen Kurienkardinal Ratzinger ist beschrieben in: ebd., 142–143; ausführlicher in: Krätzl, Mein Leben für eine Kirche, die den Menschen dient, 138–150.

134 Vgl. Krätzl, Mein Leben für eine Kirche, die den Menschen dient, 139.

135 Ebd., 144.

136 Der Gesamttext ist abgedruckt bei Kaufmann – Klein, Johannes XXIII., 116–150.

137 Zitiert nach ebd., 124 (Nr. 6).

138 Ebd., 59.

139 Ebd.

140 Zitiert nach ebd., 135 f. (Nr. 15).

141 Ebd., 74.

142 Ebd.

143 Küng, Erkämpfte Freiheit, 363.

144 Ebd., 362.

145 Galli –Moosbrugger, Das Konzil. Chronik der ersten Session, 26.

146 Zitiert nach: Kaufmann – Klein, Johannes XXIII., 138.

147 Vgl. ebd.

148 Ebd., 125 f. (Nr. 8).

149 Ebd., 29.

150 Pesch, Das Zweite Vatikanische Konzil, 76.

151 Garhammer, Der Chef, 33; vgl. Batlogg, Der evangelische Papst, 217–219.

152 Alberigo, Die Fenster öffnen, 61.

153 Riccardi, Die turbulente Eröffnung der Arbeiten, in: Alberigo – Wittstadt, Bd. 2, 1–81, 17.

154 Kaufmann – Klein, Johannes XXIII., 113 f.

155 Ebd., 67.

156 Küng, Erkämpfte Freiheit, 362.

157 Rahner, Über das Latein als Kirchensprache.

158 Pesch, Das Zweite Vatikanische Konzil, 83.

159 Wiesner, Art. Piccardo, in: Quisinsky – Walter, 218.

160 Vgl. Johannes XXIII., Ansprache anlässlich der feierlichen Eröffnung des Zweiten Vatikanischen Konzils am 11. Oktober 1962, in: Hünermann – Hilberath, 482–490, 487.

161 Vgl. Krätzl, Im Sprung gehemmt, 197–215.

162 Riccardi, Alles kann sich ändern, 245.

163 Ebd., 246.

164 Küng, Konzil und Wiedervereinigung, 11.

165 Zitiert nach: Kaufmann – Klein, Johannes XXIII., 146 (Nr. 21).

Kapitel 6: Alltag einer Denkwerkstatt oder: Das Konzil als Laboratorium kollektiver Wahrheitsfindung

166 Alberigo, Vorbereitung für welche Art von Konzil?, in: ders. – Wittstadt, Geschichte des Zweiten Vatikanischen Konzils, Bd. 1, 561–570, 561.

167 Ebd., 89.

168 Vgl. die Dokumentation in: www.vatican.va/content/john-xxiii/la/apost_letters/1960/documents/hf_j-xxiii_apl_19600605_supernodei.html.

169 Pesch, Das Zweite Vatikanische Konzil, 66.

170 Ebd., 90.

171 Zitiert nach: ebd.

172 Ebd., 97.

173 Ebd., 90.

174 Raffelt, Art. Liénart, in: Quisinsky –Walter, 173.

175 Küng, Erkämpfte Freiheit, 372.

176 Vgl. dazu Tagle, Die »Schwarze Woche« des Konzils (14. bis 21. November 1964), in: Alberigo – Wassilowsky, Geschichte des Zweiten Vatikanischen Konzils, Bd. 4, 451–530.

177 Vgl. dazu in Auswahl: Siebenrock, Das Senfkorn des Konzils. Vorläufige Überlegungen auf dem Weg zu einem erneuerten Verständnis der Konzilserklärung »Nostra Aetate«, in: Wassilowsky, Zweites

Vatikanum, 154–184; ders., Theologischer Kommentar zur Erklärung über die Haltung der Kirche zu den nichtchristlichen Religionen Nostra Aetate, in: Hünermann – Hilberath, Herders Theologischer Kommentar zum Zweiten Vatikanischen Konzil, Bd. 3, 591–693; ders., »… die Juden weder als von Gott verworfen noch als verflucht« darstellen (NA 4) – die Kirche vor den verletzten Menschenrechten religiös andersgläubiger Menschen, in: Hünermann – Hilberath, Herders Theologischer Kommentar zum Zweiten Vatikanischen Konzil, Bd. 5, 415–423; ganz knapp: Batlogg, Christentum und andere Religionen.

178 Vgl. Caprile, Die Chronik des Konzils und der nachkonziliaren Arbeit vom Oktober 1958 bis Dezember 1967; Schmiedl, Chronik des Zweiten Vatikanischen Konzils.
179 Vgl. Küng, Erkämpfte Freiheit, 369.
180 Pesch, Das Zweite Vatikanische Konzil, 91.
181 Vgl. die Dokumentation in: www.vatican.va/content/john-xxiii/la/apost_letters/1960/documents/hf_j-xxiii_apl_19600605_supernodei.html.
182 Pesch, Das Zweite Vatikanische Konzil, 90.
183 Vgl. ebd.
184 Ebd., 98.
185 Ebd., 65.
186 Ebd.
187 Küng, Erkämpfte Freiheit, 379.
188 Vgl. Andreottl, Meine siehen Päpste, 124.
189 Pesch, Das Zweite Vatikanische Konzil, 93.
190 Zitiert nach: Galli –Moosbrugger, Das Konzil. Von Johannes XXIII. zu Paul VI. Chronik der zweiten Sessio, 3–9, 3.
191 Küng, Sieben Päpste, 90.
192 Ebd., 94.
193 Vgl. Batlogg, Benedikt XVI. auf den Spuren Jesu.

Kapitel 7: Der vielbemühte »Geist des Konzils«

194 Vgl. Batlogg – Zulehner, Der Reformer, 75–88.
195 Hoff, Wird Veränderung gehen?
196 Vgl. Zettl, Ein letztes Aufbäumen des Antimodernismus?
197 Vgl. Krätzl, Im Sprung gehemmt, 203 f.
198 Vgl. Batlogg, Tutiorismus des Wagnisses – jetzt.
199 Delp, Theonomer Humanismus, 309–311, 311.
200 Pesch, »Unerschrocken in die Zukunft schauen« (Johannes XXIII.), in: Hilpert, Generation Konzil, 251–277, 258 f.

201 Bischof, Das Konzil – »Ein neues Pfingsten« (Johannes XXIII.), 419.
202 Batlogg, Das Konzil vor dem Ausverkauf?, 721.
203 Vgl. Batlogg, Assisi – eine Erfolgsgeschichte, in: Tück, Selig, die Frieden stiften, 121–148; ders., Assisi 1986/2011.
204 Dokumentation: www.vatican.va/content/benedict-xvi/de/motu_proprio/documents/hf_ben-xvi_motu-proprio_20070707_summorum-pontificum.html.
205 Vgl. Gerhards, Ein Ritus – zwei Formen.
206 Batlogg, Das Konzil vor dem Ausverkauf, 722.
207 Batlogg, Ist das Zweite Vatikanum Verhandlungsmasse?, 649.
208 Ebd., 650.
209 Kolfhaus, Pastorale Lehrverkündigung – Grundmotiv des Zweiten Vatikanischen Konzils, 213.
210 Ebd., 222.
211 Batlogg, Rez. Kolfhaus, 860; vgl. Beinert, Nur pastoral oder auch dogmatisch verpflichtend?
212 Pesch, »Unerschrocken in die Zukunft schauen« (Johannes XXIII.), 259.
213 Vgl. Galli – Moosbrugger, Das Konzil und seine Folgen, 124.
214 Ebd., 67.
215 Ebd., 69.
216 Ebd., 70.
217 Leitgöb, Dem Konzil begegnen, 181.
218 Zitiert nach: www.vatican.va/content/francesco/de/speeches/2016/may/documents/papa-francesco_20160506_premio-carlo-magno.html.

Kapitel 8: Papst Franziskus: ein Kind des Konzils – und sein Wächter

219 Zitiert nach: Das römische Interview. Mit Franca Giansoldati (Il Messagero, Rom), 29. Juni 2015, in: Ring-Eifel, Die Interviews mit Papst Franziskus, 116–127, 118 f.
220 Spadaro, Das Interview mit Papst Franziskus, 57.
221 Zitiert nach: https://www.vatican.va/content/francesco/de/homilies/2014/documents/papa-francesco_20140427_omelia-canonizzazioni.html.
222 Vgl. Küng, Sieben Päpste, 258–275.
223 Vgl. ebd., 316–368.
224 Ebd., 325.
225 Krätzl, Meine Kirche im Licht der Päpste, 177.

226 Werben um die Sympathie Mexikos. Mit Valentina Alazraki (Televisa, Mexiko), 12. März 2015, in: Ring-Eifel, Die Interviews mit Papst Franziskus, 210–244, 230.

227 Krätzl, Meine Kirche im Licht der Päpste, 177 f.

228 Zitiert nach: www.vatican.va/content/francesco/de/speeches/2013/june/documents/papa-francesco_20130603_diocesi-bergamo.html.

229 Zitiert nach: www.kathnews.de/papstinterview-konzil-zur-haelfte-umgesetzt.

230 Zitiert nach: www.vatican.va/content/francesco/de/apost_letters/documents/papa-francesco_bolla_20150411_misericordiae-vultus.html.

231 Ebd.

232 Zitiert nach: Kaufmann – Klein, Johannes XXIII., 136 f. (Nr. 15).

233 Vgl. Batlogg, Verkünder der (Glaubens-)Freude: Papst Franziskus.

234 Bucher, Zuerst die Barmherzigkeit, 114.

235 Zitiert nach: www.archivioradiovaticana.va/storico/2013/04/16/papst_franziskus_bemängelt_umsetzung_des_zweiten_vatikanums/ted-683281. – Warum auch immer, ist diese Homilie nicht – anders als die Predigten vom vorigen Tag – auf der offiziellen Webseite des Vatikans dokumentiert. – Vgl. Zulehner, Selbstheilungskur für die Kirche, in: Krämer –Vellguth, Evangelii gaudium.

236 Zitiert nach: www.vatican.va/content/francesco/de/speeches/2015/october/documents/papa-francesco_20151024_sinodo-conclusione-lavori.html.

237 Zitiert nach: Die argentinische Provinz zu Gast. Mit Juan Beretta (La Voz del Pueblo, Tres Arroyos), 24. Mai 2015, in: Ring-Eifel, Die Interviews mit Papst Franziskus, 245–258, 250.

238 Eckholt, Kirche der Armen, in: Delgado – Sievernich, 205–224, 212.

239 Ebd., 213.

240 Vgl. Tanner, Kirche in der Welt: Ecclesia ad extra, in: Alberigo – Wassilowsky, Geschichte des Zweiten Vatikanischen Konzils, Bd. 4, bes. 433–439.

241 Waldenfels, Sein Name ist Franziskus, 145.

242 Eckholt, Kirche der Armen, 214.

243 Klein, Nächtliche Korrespondenz aus Rom, 186.

244 Ebd.

245 Der Wortlaut ist abgedruckt bei: Arntz, Der Katakombenpakt, 77–83; in anderer Übersetzung bei Bettazzi, Die Kirche der Armen, 23–27.

246 Eckholt, Kirche der Armen, 219.

247 Vgl. Arntz, Der Katakombenpakt, 93.

248 Vgl. die Chronologie ebd., 87–17, 175–181.

249 Vgl. Aparecida 2007.

250 Arntz, Der Katakombenpakt, 26.

251 Ebd., 27.

252 Papst Franziskus, »Vergiss die Armen nicht!« Ansprache in der Audienz für die Medienvertreter. *Aula Paolo Sesto, 16. März 2013*, in: ders., »Und jetzt beginnen wir diesen Weg«, 27–32, 31; vgl. Batlogg, Der evangelische Papst, 273–285.

253 Bettazzi, Die Kirche der Armen, 100.

254 Vgl. Fornet-Ponse, Für eine arme Kirche!

255 Vgl. www.vatican.va/content/john-paul-ii/de/apost_letters/2001/documents/hf_jp-ii_apl_20010106_novo-millennio-ineunte.html.

256 Werben um die Sympathie Mexikos, in: Ring-Eifel, Die Interviews mit Papst Franziskus, 210–244, 238.

257 Kräutler, Nur Mut!, 124.

258 Zitiert nach: www.vatican.va/content/francesco/de/speeches/2013/june/documents/papa-francesco_20130607_scuole-gesuiti.html.

259 Bettazzi, Die Kirche der Armen, 91.

260 Maier, Papst Franziskus und die Armen, in: Holztrattner, Innovation Armut, 123–136, 123.

261 Garhammer, Und er bewegt sie doch, 139.

262 Vgl. Eckholt, An die Peripherie gehen.

263 Halík, Der Nachmittag des Christentums, 128.

Kapitel 9: Synodalität als Erbe des Konzils

264 Vgl. Batlogg, Der evangelische Papst, 126–156; ders. – Zulehner, Der Reformer, 135–157.

265 Vgl. Batlogg, Synodale Kirche.

266 Vgl. Batlogg, Welche Bischöfe braucht es heute?

267 Spadaro, Das Interview mit Papst Franziskus, 54.

268 Ebd., 54 f.

269 Zitiert nach: www.vatican.va/content/francesco/de/speeches/2015/october/documents/papa-francesco_20151017_50-anniversario-sinodo.html – wie auch alle folgenden Zitate.

270 Zitiert nach: www.vatican.va/content/francesco/de/speeches/2015/october/documents/papa-francesco_20151024_sinodo-conclusione-lavori.html.

271 Zitiert nach: www.vatican.va/roman_curia/synod/50anniversario/sinodo-dei-vescovi_50anniv_intervento-schonborn_ge.html; weitere Dokumentationen: www.dbk.de/fileadmin/redaktion/diverse_

downloads/presse_2015/2015-039-Ansprache-Kard.-Schoenborn. pdf; vgl. auch Schönborn, Ansprache anlässlich des Festaktes »50 Jahre Bischofssynode« (17. Oktober 2015), in: ders., Berufung und Sendung der Familie, 66–79; dazu: Batlogg, Der evangelische Papst, 152 f.; ders. – Zulehner, Der Reformer, 150–152.

272 Zitiert nach ebd.

273 Zitiert nach ebd., Anm. 1 (Johannes Paul II., Discorso della Segretaria Generale del Sinodo dei Vescovi, 30. April 1983: www.vatican.va/content/john-paul-ii/it/speeches/1983/april/documents/hf_jp-ii_spe_19830430_sinodo-vescovi.html).

274 Zitiert nach ebd., Anm. 5 (Papst Franziskus, Lettera al Card. Baldisseri, 1. April 2014: www.vatican.va/content/francesco/it/letters/2014/documents/papa-francesco_20140401_cardinale-baldisseri.html).

275 Zitiert nach: www.dbk.de/fileadmin/redaktion/diverse_downloads/presse_2017/2017-163a-Festakt-150-Jahre-Bischofskonferenz-in-Fulda-Vortrag-Prof.-Pottmeyer.pdf – wie auch alle folgenden Zitate.

276 Vgl. Lücking-Michel, Synodalität auf Dauer stellen.

277 Barbato, Der katholische Coup, 16.

278 Dokumentation: www.vatican.va/content/francesco/de/letters/2019/documents/papa-francesco_20190629_lettera-fedeligermania.html.

279 Loffeld, Wie wirksam kann ein synodaler Prozess heute sein?, 37.

280 Zitiert nach: www.vatican.va/content/francesco/de/speeches/2015/october/documents/papa-francesco_20151017_50-anniversario-sinodo.html.

281 Vgl. Wolf, Die vielen Gerüche der Schäfchen, in: Zulehner –Halík, 139–158.

282 Das Original findet sich unter: www.vatican.va/roman_curia/congregations/cfaith/cti_documents/rc_cti_20180302_sinodalita_ge.html.

283 Zitiert nach: www.vatican.va/content/francesco/de/speeches/2017/may/documents/papa-francesco_20170522_70assemblea-cei.html.

284 Dokumentation: www.vatican.va/roman_curia/congregations/cfaith/cti_documents/rc_cti_20180302_sinodalita_ge.html.

285 Vgl. Graulich – Rahner, Synodalität in der katholischen Kirche. – Dort ist die Konstitution ebenfalls abgedruckt (318–388).

286 Czerny, Synodale Kirche, solidarisch mit den Armen, 190.

287 Ebd., 186.

288 Vgl. die ausführliche Auswertung in: Gruber – Hoff – Knop – Kranemann, Laboratorium Weltkirche.

289 »Dies ist ein Pontifikat der Aussaat, nicht der Ernte«, 22.

290 Ebd.

291 Zitiert nach: https://vaticannews.va//de/vatikan/news/2021-05/kardinal-grech-interview-synodos-episcoporum-reform-synode.html.

292 Ebd.

293 Vgl. Batlogg, Papst Franziskus und seine Vision: Synodalität als Weg der Kirche im 21. Jahrhundert, in: Zulehner – Neuner – Hennersperger, 31–50.

294 Vgl. den Bericht von Gudrun Sailer in: www.vaticannews.va/de/welt/news/2022–05/papst-franziskus-synodalitaet-neu-lernen-lateinamerika-kommissio.html.

Kapitel 10: Aus dem Konzil geboren – und jetzt?

295 Lesacher, Editorial – 60 Jahre Zukunft, 3–4, 3.

296 Ebd.

297 Ebd., 4.

298 Ebd.

299 Vgl. Waldenfels, Zeichen der Zeit, in: Delgado – Sievernich, 101–119.

300 Vgl. Delgado – Sievernich, Zur Rezeption und Interpretation des Konzils der Metaphern, in: dies., 15–32.

301 Vgl. Philippa Rath (Hg.), »Weil Gott es so will«; dies. – Hose (Hg.), Frauen ins Amt!

302 Vgl. Neufeld, Theologen und Konzil; ders., Zusammenarbeit zwischen Hirten und Theologen am Zweiten Vatikanischen Konzil.

303 Faggioli, Art. Felici, in: Quisinsky – Walter, 104.

304 Galli – Moosbrugger, Die vier Zeichen des Konzils, in: dies., Das Konzil. Erster Teil: Chronik der vierten Sessio. Zweiter Teil: Reden am Konzil, 74–76, 74.

305 Ebd., 76.

306 Zitiert nach: www.vatican.va/content/francesco/de/speeches/2019/december/documents/papa-francesco_20191221_curia-romana.html.

307 Ratzinger, Die erste Sitzungsperiode des Zweiten Vatikanischen Konzils, 42–44; leicht zugänglich in: ders., Gesammelte Schriften, Bd. 7/1, 314.

308 Ebd., 44–45 bzw. Gesammelte Schriften, Bd. 7/1, 314 f.

309 Küng, Erkämpfte Freiheit, 373.

310 Zitiert nach: https://www.herder.de/stz/online/papst-franziskus-im-gespraech-mit-den-europaeischen-kulturzeitschriften-der-jesuiten/; vgl. Batlogg, … »Das Konzil wird geknebelt«.

Literaturverzeichnis

1. Bücher:

Alberigo, Giuseppe: Die Fenster öffnen. Kleine Geschichte des Zweiten Vatikanischen Konzils. Zürich 2006.

Ders. – Wittstadt, Klaus (Hg.): Geschichte des Zweiten Vatikanischen Konzils (1959–1965). Bd. 1. Mainz 1997.

–: Geschichte des Zweiten Vatikanischen Konzils (1959–1965). Bd. 2. Mainz 2000.

–: Geschichte des Zweiten Vatikanischen Konzils (1959–1965). Bd. 3. Mainz 2003.

Ders. – Wassilowsky, Günther (Hg.): Geschichte des Zweiten Vatikanischen Konzils (1959–1965). Bd. 4. Mainz 2006.

Andreotti, Giulio: Meine sieben Päpste. Begegnungen in bewegten Zeiten. Freiburg 1982.

Aparecida 2007. Schlussdokument der 5. Generalversammlung des Episkopats von Lateinamerika und der Karibik. 13.–31. Mai 2007 (Stimmen der Weltkirche 41). Bonn 2007.

Arntz, Norbert: Der Katakombenpakt. Für eine dienende und arme Kirche. Kevelaer 2015.

Batlogg, Andreas R.: Der evangelische Papst. Hält Franziskus, was er verspricht? München 2018.

Ders. – Zulehner, Paul M.: Der Reformer. Von Papst Franziskus lernen – ein Appell. Würzburg ²2020.

Ders. – Brodkorb, Clemens – Pfister, Peter (Hg.): Erneuerung in Christus. Das Zweite Vatikanische Konzil (1962–1965) im Spiegel Münchener Kirchenarchive. Begleitband zur Ausstellung des Erzbischöflichen Archivs München, des Archivs der Deutschen Provinz der Jesuiten und des Karl-Rahner-Archivs in München anlässlich des 50. Jahrestages der Konzilseröffnung (Schriften des Archivs des Erzbistums München und Freising 16). Regensburg 2012.

Beinert, Wolfgang – Feiereis, Konrad – Röhrig, Hermann-Josef (Hg.): Unterwegs zum einen Glauben. Festschrift für Lothar Ulrich zum 65. Geburtstag. Leipzig 1997.

Bettazzi, Luigi: Das Zweite Vatikanum. Neustart der Kirche aus den Wurzeln des Glaubens. Würzburg 2012.

–: Die Kirche der Armen vom Konzil bis zu Papst Franziskus. Würzburg 2015.

Bischof, Franz Xaver (Hg.): Das Zweite Vatikanische Konzil (1962–

1965). Stand und Perspektiven der kirchenhistorischen Forschung im deutschsprachigen Raum. Stuttgart 2012.

Ders. - Leimgruber, Stephan (Hg.): Vierzig Jahre II. Vatikanum. Zur Wirkungsgeschichte der Konzilstexte. Würzburg ²2006.

Böttigheimer, Christoph - Dausner, René (Hg.): »Das Konzil eröffnen«. Reflexionen zu Theologie und Kirche 50 Jahre nach dem II. Vatikanischen Konzil. Freiburg 2016.

Dies.: Vaticanum 21. Die bleibenden Aufgaben des Zweiten Vatikanischen Konzils im 21. Jahrhundert. Dokumentationsband zum Münchner Kongress »Das Konzil eröffnen«. Freiburg 2016.

Brodkorb, Clemens - Burkhard, Dominik (Hg.): Der Kardinal der Einheit. Zum 50. Todestag des Jesuiten, Exegeten und Ökumenikers Augustin Bea (1881–1968) (Jesuitica 22). Regensburg 2018.

Caprile, Giovanni: Il Concilio Vaticano II (Cronache). Bd. I/1 (1959–1960). Rom 1966.

Congar, Yves: Mon Journal du Concile. Bd. 1. Paris 2002.

Deckers, Daniel: Der Kardinal. Karl Lehmann. Eine Biographie. München 2002.

Delgado, Mariano - Sievernich, Michael (Hg.): Die großen Metaphern des Zweiten Vatikanischen Konzils. Ihre Bedeutung für heute. Freiburg 2013.

Delp, Alfred: Gesammelte Schriften. Bd. 4. Frankfurt ²1985.

Eckholt, Margit: An die Peripherie gehen. In den Spuren des armen Jesus - Vom Zweiten Vatikanum zu Papst Franziskus. Ostfildern 2015.

Elliott, Lawrence: Johannes XXIII. Das Leben eines großen Papstes. Freiburg ³1984.

Franziskus (Papst): »Und jetzt beginnen wir diesen Weg«. Die ersten Botschaften des Pontifikats. Freiburg 2013.

Galli, Mario von - Moosbrugger, Bernhard: Das Konzil. Chronik der ersten Sessio. Olten 1963.

–: Das Konzil. Von Johannes XXIII. zu Paul VI. Chronik der zweiten Sessio. Die Pilgerfahrt ins Heilige Land. Olten 1964.

–: Das Konzil. Erster Teil: Chronik der dritten Sessio. Zweiter Teil: Reden am Konzil. Olten 1965.

–: Das Konzil. Erster Teil: Chronik der vierten Sessio. Zweiter Teil: Reden am Konzil. Olten 1966.

–: Das Konzil und seine Folgen. Luzern 1966.

Garhammer, Erich: Der Chef. Die jährliche Therapie an Weihnachten. Würzburg 2018.

–: Und er bewegt sie doch. Wie Papst Franziskus Kirche und Welt verändert. Würzburg 2017.

Ders. (Hg.): Ecclesia semper reformanda. Kirchenreform als bleibende Aufgabe. Würzburg 2006.

Gerhards, Albert (Hg.): Ein Ritus – zwei Formen. Die Richtlinie Papst Benedikts zur Liturgie. Freiburg 2008.

Graulich, Markus – Rahner, Johanna (Hg.): Synodalität in der katholischen Kirche. Die Studie der Internationalen Theologischen Kommission im Diskurs (QD 311). Freiburg 2020.

Gruber, Judith – Hoff, Gregor Maria – Knop, Julia – Kranemann, Benedikt (Hg.): Laboratorium Weltkirche. Die Amazonien-Synode und ihre Potenziale (QD 322). Freiburg 2022.

Halík, Tomáš: Der Nachmittag des Christentums. Eine Zeitansage. Freiburg 2022.

Hilpert, Konrad (Hg.): Generation Konzil – Zeitzeugen berichten. Freiburg 2013.

Holztrattner, Magdalena M. (Hg.): Innovation Armut. Wohin führt Papst Franziskus die Kirche? Innsbruck 2013.

Hünermann, Peter – Hilberath, Bernd Jochen (Hg.): Herders Theologischer Kommentar zum Zweiten Vatikanischen Konzil. Bd. 5: Die Dokumente des Zweiten Vatikanischen Konzils: Theologische Zusammenschau und Perspektiven. Freiburg 2006.

Imhof, Paul – Biallowons, Hubert (Hg.): Karl Rahner. Bilder eines Lebens. Freiburg 1985.

Kaufmann, Ludwig – Klein, Nikolaus: Johannes XXIII. Prophetie im Vermächtnis. Fribourg ²1990.

Kolfhaus, Florian: Pastorale Lehrverkündigung – Grundmotiv des Zweiten Vatikanischen Konzils. Untersuchungen zu »Unitatis Redintegratio«, »Dignitatis Humanae« und »Nostra Aetate«. Berlin 2010.

Krämer, Klaus – Vellguth, Klaus (Hg.): Evangelii gaudium. Stimmen der Weltkirche. Freiburg 2015.

Krätzl, Helmut: Das Konzil – ein Sprung vorwärts. 50 Jahre Zweites Vatikanisches Konzil. Ein Zeitzeuge zieht Bilanz. Innsbruck 2012.

–: Im Sprung gehemmt. Was mir nach dem Konzil noch alles fehlt. Mödling ⁴1999.

–: Mein Leben für eine Kirche, die den Menschen dient. Innsbruck 2011.

–: Meine Kirche im Licht der Päpste. Von Pius XII. bis Franziskus. Innsbruck 2016.

Kräutler, Erwin: Nur Mut! Jetzt die Welt und die Kirche verändern. Innsbruck 2016.

Küng, Hans: Erkämpfte Freiheit. Erinnerungen. München 2002.

–: Konzil und Wiedervereinigung. Freiburg 1960 (⁷1964).

–: Sieben Päpste. Wie ich sie erlebt habe. München 2015.

Leitgöb, Martin: Dem Konzil begegnen. Prägende Persönlichkeiten des II. Vatikanischen Konzils. Mit einem Vorwort von Herbert Vorgrimler. Kevelaer 2012.

Lintner, Martin M.: Von Humanae vitae bis Amoris laetitia. Die Geschichte einer umstrittenen Lehre. Innsbruck 2018.

Lorenzer, Alfred: Das Konzil der Buchhalter. Die Zerstörung der Sinnlichkeit. Eine Religionskritik. Frankfurt 1984.

Neuner, Peter: Der lange Schatten des I. Vatikanums. Wie das Konzil die Kirche noch heute blockiert. Freiburg 2019.

Pesch, Otto Hermann: Das Zweite Vatikanische Konzil. Vorgeschichte – Verlauf – Ergebnisse – Wirkungsgeschichte. Würzburg [3]2011.

Pfister, Florian: Ein Mann der Bibel – Augustin Bea SJ (1881–1968) als Exeget und Rektor des Päpstlichen Bibelinstituts in den 1930er und 1940er Jahren (Jesuitica 25). Regensburg 2020.

Quisinsky, Michael – Walter, Peter (Hg.) unter der Mitarbeit von Clemens Carl: Personenlexikon zum Zweiten Vatikanischen Konzil. Freiburg [2]2013.

Rahner, Karl: Das Konzil – ein neuer Beginn. Mit einer Hinführung von Karl Kardinal Lehmann. Hg. v. Andreas R. Batlogg u. Albert Raffelt. Freiburg 2012.

–: Sämtliche Werke. Bd. 21: Das Zweite Vatikanum. Beiträge zum Konzil und seiner Interpretation. Bearbeitet v. Günther Wassilowsky. Freiburg 2013 (Bd.e 21/1 u. 21/2).

–: Sehnsucht nach dem geheimnisvollen Gott. Profil – Texte – Bilder. Hg. v. Herbert Vorgrimler. Freiburg 1990.

Ders. – Vorgrimler, Herbert: Kleines Konzilskompendium. Freiburg [35]2008.

Rath, Philippa (Hg.): »Weil Gott es so will«. Frauen erzählen von ihrer Berufung zur Diakonin und Priesterin. Freiburg 2022.

Dies. – Hose, Burkhard (Hg.): Frauen ins Amt! Männer der Kirche solidarisieren sich. Freiburg 2022.

Ratzinger, Joseph: Zur Lage des Glaubens. Ein Gespräch mit Vittorio Messori. München 1985 (= Gesammelte Schriften 13/1, 27–204).

–: Die Erste Sitzungsperiode des Zweiten Vatikanischen Konzils. Ein Rückblick. Köln 1963 (= Gesammelte Schriften 7/1, 296–357).

–: Gesammelte Schriften. Bd. 7: Zur Lehre des Zweiten Vatikanischen Konzils. Formulierung – Vermittlung – Deutung. Freiburg 2012 (Bd.e 7/1 u. 7/2).

–: Gesammelte Schriften. Bd. 13: Im Gespräch mit der Zeit. Freiburg 2016/17 (Bd.e 13/1, 13/2, 13/3).

Riccardi, Andrea: Alles kann sich ändern. Gespräche mit Massimo Naro. Würzburg ²2019.

Ring-Eifel, Ludwig (Hg.): Die Interviews mit Papst Franziskus. Eingeleitet von Luigi Accatoli. Freiburg 2016.

Schaffelhofer, Gerda: Werft die Fesseln ab! Kirche neu denken. Wien 2022.

Schönborn, Christoph (Hg.): Berufung und Sendung der Familie. Die zentralen Texte der Bischofssynode. Mit einem Kommentar von P. Michael Sievernich SJ. Freiburg 2015.

Seibel, Wolfgang: Johannes XXIII. Der Papst des Übergangs in eine neue Zeit. Würzburg 1964.

Siebenrock, Roman A. – Tück, Jan-Heiner (Hg.): Selig, die Frieden stiften. Assisi – Zeichen gegen Gewalt. Freiburg 2012.

Spadaro, Antonio: Das Interview mit Papst Franziskus. Hg. v. Andreas R. Batlogg. Freiburg 2013.

Thull, Philipp (Hg.): Ermutigung zum Aufbruch. Eine kritische Bilanz des Zweiten Vatikanischen Konzils. Darmstadt 2013.

Tück, Jan-Heiner (Hg.): Erinnerung an die Zukunft. Das Zweite Vatikanische Konzil. Freiburg ²2013.

Vorgrimler, Herbert: Karl Rahner verstehen. Eine Einführung in sein Leben und Denken. Freiburg ³1986.

Ders. – Vander Gucht, Roger (Hg.): Bilanz der Theologie im 20. Jahrhundert. Bahnbrechende Theologen. Freiburg 1970.

Waldenfels, Hans: Sein Name ist Franziskus. Der Papst der Armen. Paderborn 2014.

Wassilowsky, Günther: Universales Heilssakrament Kirche. Karl Rahners Beitrag zur Ekklesiologie des II. Vatikanums (ITS 59). Innsbruck 2001.

Ders. (Hg.): Zweites Vatikanum – vergessene Anstöße, gegenwärtige Fortschreibungen (QD 207). Freiburg 2004.

Widmann, Gertrud (Hg.): Die Bilder der Bibel von Sieger Köder. Erschließende und meditative Texte. Ostfildern ³1997.

Willam, Franz Michel: Vom jungen Angelo Roncalli 1903–1907 zum Papst Johannes XXIII. 1958–1963. Eine Darlegung vom Werden des Aggiornamento-Begriffs 1903–1907 als Leitidee für das II. Vatikanische Konzil und die Durchführung seiner Beschlüsse. Innsbruck 1967.

Wiltgen, Ralph M.: Der Rhein fließt in den Tiber. Eine Geschichte des Zweiten Vatikanischen Konzils. Feldkirch 1988.

Wittstadt, Klaus – Verschooten, Wim (Hg.): Der Beitrag der deutschsprachigen und osteuropäischen Länder zum Zweiten Vatikanischen Konzil. Löwen 1996.

Wolf, Hubert: Der Unfehlbare. Pius IX. und die Erfindung des Katholizismus im 19. Jahrhundert. Biographie. München 2020.

Ders. – Arnold, Claus (Hg.): Die deutschsprachigen Länder und das II. Vatikanum. Paderborn 2000.

Zettl, David: Ein letztes Aufbäumen des Antimodernismus? Die Enzyklika »Humani generis« und ihr theologiegeschichtlicher Kontext. Regensburg 2022.

Zulehner, Paul M. – Halík, Tomáš (Hg.): Rückenwind für den Papst. Warum wir Pro Pope Francis sind. Darmstadt 2018.

Ders. – Neuner, Peter – Hennersperger, Anna (Hg.): Synodalisierung. Eine Zerreißprobe für die katholische Weltkirche? Expertinnen und Experten aus aller Welt beziehen Stellung. Ostfildern 2022.

2. Artikel:

Alberigo, Giuseppe: Art. Aggiornamento, in: LThK³, Bd. 1, Sp. 231.

–: Die Ankündigung des Konzils. Von der Sicherheit des Sich-Verschanzens zur Faszination des Suchens, in: ders. – Wittstadt (Hg.), Geschichte des Zweiten Vatikanischen Konzils (1959–1965). Bd. 1. Mainz 1997, 1–60.

–: Vorbereitung für welche Art von Konzil?, in: ders. – Wittstadt, Geschichte des Zweiten Vatikanischen Konzils, Bd. 1, 561–570.

Barbato, Mariano: Der katholische Coup. Warum der Synodalrat nichts mit Demokratie zu tun hat, in: Herder Korrespondenz 76 (2022/6) 17–18.

Batlogg, Andreas R.: Assisi – eine Erfolgsgeschichte. Die Gemeinschaft Sant'Egidio, in: Siebenrock – Tück, Selig, die Frieden stiften, 121–148.

–: Assisi 1986/2011. Das Weltgebetstreffen für den Frieden als Erbe des Konzils, in: Stimmen der Zeit 229 (2011) 710–713.

–: Benedikt XVI. auf den Spuren Jesu, in: Stimmen der Zeit 227 (2009) 289–290.

–: Christentum und andere Religionen. Die Konzilserklärung Nostra aetate, in: Historicum 21 (2003), Nr. 75, 16–22.

–: »Das Konzil wird geknebelt«, in: Die Furche, 23.06.2022, 12.

–: Ein Sprung nach vorn: Johannes XXIII., in: Stimmen der Zeit 231 (2013) 361–362.

–: »Es ist merkwürdig bei einem Konzil«. Bericht und Ermutigung für den älteren Bruder Hugo Rahner SJ, in: Stimmen der Zeit 230 (2012) 590–596.

–: Ist das Konzil schuld?, in: Stimmen der Zeit 230 (2012) 649–650.

–: Ist das Zweite Vatikanum Verhandlungsmasse?, in: Stimmen der Zeit 227 (2009) 649–650.

–: Karl Rahner auf dem Konzil. Einblick in eine »Textwerkstatt« deutscher Theologen, in: Stimmen der Zeit 220 (2002) 712–714.

–: Karl Rahner SJ auf dem Zweiten Vatikanischen Konzil, in: ders. – Brodkorb – Pfister, Erneuerung in Christus, 109–142.

–: Karl Rahner und Joseph Ratzinger – und das Zweite Vatikanum. Zur Edition der Konzilsschriften der beiden Periti, in: Stimmen der Zeit 232 (2014) 124–129.

–: Karl Rahners Mitarbeit an den Konzilstexten, in: Bischof – Leimgruber, Vierzig Jahre II. Vatikanum, 355–376.

–: Papst Franziskus und seine Vision: Synodalität als Weg der Kirche im 21. Jahrhundert, in: Zulehner – Neuner – Hennersperger, 31–50.

–: Synodale Kirche, in: Stimmen der Zeit 234 (2016) 73–74.

–: Tutiorismus des Wagnisses – jetzt, in: Stimmen der Zeit 234 (2016) 73–74.

–: Verkünder der (Glaubens-)Freude: Papst Franziskus, in: Theologisch-praktische Quartalschrift 170 (2022) 254–261.

–: Welche Bischöfe braucht es heute?, in: Stimmen der Zeit 233 (2015) 289–290.

–: Rez. Kolfhaus, in: Stimmen der Zeit 230 (2012) 858–860.

Ders. – Klein, Nikolaus: Die Piusbruderschaft und das Zweite Vatikanische Konzil, in: Thull, Ermutigung zum Aufbruch, 156–164.

Dies.: Kollektive Wahrheitsfindung auf dem Zweiten Vatikanum. Zu einer Momentaufnahme von Karl Rahner, in: Stimmen der Zeit 230 (2012) 579–589; La scoperta della verità al concilio Vaticano II. Un'istantanea di Karl Rahner S.I., in: La Civiltà Cattolica 2013 III, 8–21 (no. 3913); dies., Dietro le quinte del Vaticano II, in: L'Osservatore Romano, venerdì 5 luglio 2013, 4.

Ders. – Raffelt, Albert: Nachwort: »Damit aus diesem Anfang des Anfangs ein richtiger Beginn werde«. Die Konzilsbilanz-Rede Karl Rahners und ihre bleibende Aktualität, in: Rahner, Das Konzil – ein neuer Beginn, 81–87.

Ders. – Brodkorb, Clemens – Pfister, Peter: Vorwort, in: dies., Erneuerung in Christus, 11–15.

Beinert, Wolfgang: Nur pastoral oder auch dogmatisch verpflichtend? Zur Verbindlichkeit des Zweiten Vatikanischen Konzils, in: Stimmen der Zeit 228 (2010) 3–15.

–: Ein Grundsatzkonflikt. Das Konzil und die Piusbrüder, in: Herder Korrespondenz spezial 2-2012 (Konzil im Konflikt. 50 Jahre Zweites Vatikanum), 18–22.

–: Ein Konzil in unserer Zeit – Ein Konzil für unsere Zeit? Ein vorausschauender Rückblick auf das Vaticanum II., in: ders. – Feiereis – Röhrig, Unterwegs zum einen Glauben, 102–129.

Bischof, Franz Xaver: Das Konzil – »Ein neues Pfingsten« (Johannes XXIII.), in: Münchener Theologische Zeitschrift 64 (2013) 413–424.

–: »Der Kairos für eine tiefgreifende Neubesinnung war längst da«. Zur historischen Verortung des Zweiten Vatikanischen Konzils, in: Batlogg – Bordkorb – Pfister, Erneuerung in Christus, 19–46.

Bredeck, Michael: Aggiornamento, in: Delgado – Sievernich, 59–80.

Bucher, Rainer: Zuerst die Barmherzigkeit. Programmatisch Neues im Pontifikat des Franziskus, in: Die Politische Meinung 59 (2014) 212–215.

Caprile, Giovanni: Die Chronik des Konzils und der nachkonziliaren Arbeit vom Oktober 1958 bis Dezember 1967, in: L'ThK².E III, 624–664.

Conzemius, Victor: Seligsprechung im Widerstreit. Zur Debatte um Papst Pius IX., in: Herder Korrespondenz 54 (2000) 452–456.

Czerny, Michael Kardinal: Synodale Kirche, solidarisch mit den Armen, in: Stimmen der Zeit 239 (2021) 185–196.

Delgado, Mariano – Sievernich, Michael: Zur Rezeption und Interpretation des Konzils der Metaphern, in: dies., die großen Metaphern, 15–31.

Delp, Alfred: Theonomer Humanismus, in: ders., Gesammelte Schriften, Bd. 4, 309–311.

Demel, Sabine: Wer interpretiert wen? Der Codex Iuris Canonici als »Krönung« des Konzils, in: Herder Korrespondenz spezial 2-2012 (Konzil im Konflikt. 50 Jahre Zweites Vatikanum), 13–18.

Eckholt, Margit: Kirche der Armen, in: Delgado – Sievernich, 205–224.

Faggioli, Massimo: Art. Felici, in: Quisinsky – Walter, 103–104.

Fogarty, Gerald P.: Das Konzil beginnt, in: Alberigo – Wittstadt, Geschichte des Zweiten Vatikanischen Konzils, Bd. 2, 83–127.

Fornet-Ponse, Thomas: Für eine arme Kirche! Der Katakombenpakt von 1965 als Beispiel der Entweltlichung, in: Stimmen der Zeit 230 (2012) 651–661.

Henrici, Peter: Das Heranreifen des Konzils. Erlebte Vorkonzilstheologie, in: Internationale katholische Zeitschrift 19 (1990) 482–496.

Hoff, Gregor Maria: Wird Veränderung gehen?, in: Die Furche, 25.05.2022, 11.

Karrer, Leo: Kirche wohin? – 50 Jahre nach dem Zweiten Vatikanischen Konzil, in: Hilpert, Generation Konzil, 215–235.

Kaufmann, Ludwig: Was neu beleben, wo anknüpfen?, in: Orientierung 49 (1985) 225–228.

Johannes XXIII. (Papst): »Gaudet mater ecclesia«, in: Kaufmann – Klein, Johannes XXIII., 116–150.

–: Ansprache anlässlich der feierlichen Eröffnung des Zweiten Vatikanischen Konzils am 11. Oktober 1962, in: Hünermann – Hilberath, Herders Theologischer Kommentar zum Zweiten Vatikanischen Konzil, Bd. 5, 482–490.

Kellner, Erich: Karl Rahner und die Paulus-Gesellschaft, in: Imhof – Biallowons, Karl Rahner, 57–59.

Klein, Nikolaus: Nächtliche Korrespondenz aus Rom. Zu den »Konzils-Rundbriefen« von Helder Camara, in: Orientierung 73 (2009) 185–188.

Lehmann, Karl: Hinführung, in: Rahner, Das Konzil – ein neuer Beginn, 9–20.

–: Karl Rahner, in: Vorgrimler – Vander Gucht, Bilanz der Theologie im 20. Jahrhundert, 143–181.

Lesacher, Erhard: Editorial – 60 Jahre Zukunft, in: theologie aktuell. Die Zeitschrift der THEOLOGISCHEN KURSE 37 (2021/22), Heft 4, 3–4.

Lexikon für Theologie und Kirche. Das Zweite Vatikanische Konzil. Dokumente und Kommentare. 3 Bde. Freiburg 1966–1968 (= LThK².E I–III).

Loffeld, Jan: Wie wirksam kann ein synodaler Prozess heute sein? Zu Haken und Ösen einer ekklesiologischen Notwendigkeit, in: Anzeiger für die Seelsorge 130 (2021/6–7) 32–37.

Lücking-Michel, Claudia: Synodalität auf Dauer stellen. Warum es einen Synodalrat braucht, in: Herder Korrespondenz 76 (2022/6) 13–16.

Maier, Martin: Papst Franziskus und die Armen, in: Holztrattner, Innovation Armut, 123–136.

Mosebach, Martin (www.nzz.ch/feuilleton/missbrauchsskandal-die-kirche-ist-opfer-ihrer-reform-ld.1668752).

Neufeld, Karl H.: Theologen und Konzil. Karl Rahners Beitrag zum Zweiten Vatikanischen Konzil, in: Stimmen der Zeit 202 (1984) 156–166.

–: Zusammenarbeit zwischen Hirten und Theologen am Zweiten Vatikanischen Konzil, in: Seminarium 39 (1989) 338–350.

Pesch, Otto Hermann: »Unerschrocken in die Zukunft schauen« (Johannes XXIII.). Impulse des Konzils für Wege aus der Krise, in: Hilpert, Generation Konzil, 251–277.

Pinzl, Richard: Das Konzil ist beendet – das Konzil beginnt. Notizen von den Feiern in München, in: Münchner katholische Kirchenzeitung, 19.12.1965, 12–13 u. 17.

Raffelt, Albert: Art. Liénart, in: Quisinsky – Walter, 173–174.

Rahner, Karl: Das Konzil – ein neuer Beginn, in: ders., Das Konzil – ein neuer Beginn, 23–57.

–: Über das Latein als Kirchensprache, in: ders., Schriften zur Theologie. Bd. 5. Einsiedeln 1962, 411–467.

Rahner (†), Karl: »Es ist merkwürdig bei einem Konzil«. Bericht und Ermutigung für den älteren Bruder Hugo Rahner SJ, in: Stimmen der Zeit 230 (2012) 590–596.

Rehm, Martin – Sittner, Gernot: Aufgaben, die das Konzil der Kirche stellt. Professor Karl Rahner spricht über die Arbeit des Zweiten Vaticanums / »Ein Anfang für die Erneuerung«, in: Süddeutsche Zeitung, 13.12.1965, 15.

Riccardi, Andrea: Die turbulente Eröffnung der Arbeiten, in: Alberigo – Wittstadt, Geschichte des Zweiten Vatikanischen Konzils, Bd. 2, 1–81.

Schatz, Klaus: »Die Tradition bin ich«. Pius IX. und die »Erfindung des Katholizismus«, in: Stimmen der Zeit 238 (2020) 943–952.

–: Fragen zur Seligsprechung Pius' IX., in: Stimmen der Zeit 218 (2000) 507–516.

Schick, Eduard: Ein Jahrhundertereignis. Rückschau auf das Zweite Vatikanische Konzil nach dreißig Jahren, in: Stimmen der Zeit 213 (1995) 795–807.

Schmiedl, Joachim: Chronik des Zweiten Vatikanischen Konzils, in: Hünermann – Hilberath, Herders Theologischer Kommentar zum Zweiten Vatikanischen Konzil, Bd. 5, 585–594.

Seeber, David A.: Nach vorne schauen, in: Herder Korrespondenz 39 (1985) 493–494.

–: Die Abrechnung des Kardinals, in: Süddeutsche Zeitung, 20.07.1985, 37–38.

Seibel, Wolfgang: Restauration, in: Stimmen der Zeit 203 (1985) 577–578.

Siebenrock, Roman A.: Das Senfkorn des Konzils. Vorläufige Überlegungen auf dem Weg zu einem erneuerten Verständnis der Konzilserklärung »Nostra Aetate«, in: Wassilowsky, Zweites Vatikanum, 154–184.

–: »Meine schlimmsten Erwartungen sind weit übertroffen«, in: Wittstadt – Verschooten, 121–139.

–: Theologischer Kommentar zur Erklärung über die Haltung der Kirche zu den nichtchristlichen Religionen Nostra Aetate, in: Hünermann – Hilberath, Herders Theologischer Kommentar zum Zweiten Vatikanischen Konzil, Bd. 3, 591–693.

–: »… die Juden weder als von Gott verworfen noch als verflucht« darstellen (NA 4) – die Kirche vor den verletzten Menschenrechten religiös andersgläubiger Menschen, in: Hünermann – Hilberath, Herders Theologischer Kommentar zum Zweiten Vatikanischen Konzil, Bd. 5, 415–423.

Spadaro, Antonio: »Dies ist ein Pontifikat der Aussaat, nicht der Ernte«. Der Papstvertraute im Gespräch, in: Herder Korrespondenz 74 (2020/8) 20–24.

Städter, Benjamin: »In den Schuhen des Fischers«. Mediale Bilder Johannes' XXIII. am Beispiel von US-amerikanischen Spielfilmproduktionen, in: Rottenburger Jahrbuch für Kirchengeschichte 36 (2017) 151–168.

Tagle, Luis Antonio G.: Die »Schwarze Woche« des Konzils (14. bis 21. November 1964), in: Alberigo – Wassilowsky, Geschichte des Zweiten Vatikanischen Konzils, Bd. 4, 451–530.

Tanner, Norman: Kirche in der Welt: Ecclesia ad extra, in: Alberigo – Wassilowsky, Geschichte des Zweiten Vatikanischen Konzils, Bd. 4, 313–448.

Tück, Jan-Heiner: Das Konzil – »ein großartiges Werk des Heiligen Geistes«. Vorwort zur zweiten Auflage, in: ders., Erinnerung an die Zukunft, 10–11.

Vorgrimler, Herbert: Aus den Konzilsgutachten für Kardinal König, in: Rahner, Sehnsucht nach dem geheimnisvollen Gott, 95–165.

–: Vorwort, in: Leitgöb, Dem Konzil begegnen, 7–9.

Waldenfels, Hans: Zeichen der Zeit, in: Delgado – Sievernich, 101–119.

Wassilowsky, Günther: Einblick in die »Textwerkstatt« einer Gruppe deutscher Theologen auf dem II. Vatikanum, in: Wolf – Arnold, Die deutschsprachigen Länder und das II. Vatikanum, 61–87.

–: Karl Rahners gerechte Erwartungen ans II. Vatikanum (1959, 1962, 1965), in: ders., Zweites Vatikanum – vergessene Anstöße, gegenwärtige Fortschreibungen, 31–54.

–: Symbolische Inszenierung päpstlicher Autorität in Vormoderne und Moderne, in: Rottenburger Jahrbuch für Kirchengeschichte 36 (2017) 15–36.

Widmann, Gertrud: Aggiornamento hieß das Losungswort, in: dies., Die Bilder der Bibel von Sieger Köder.

Wiesner, Christian: Art. Piccardo, in: Quisinsky – Walter, 217–218.

Wittstadt, Klaus: Am Vorabend des Zweiten Vatikanischen Konzils (1. Juli – 10. Oktober 1962), in: Alberigo – ders., Geschichte des Zweiten Vatikanischen Konzils, Bd. 1, 457–560.

Wolf, Hubert: Die vielen Gerüche der Schäfchen. Warum Subsidiarität der Schlüssel zu Reformen in der katholischen Kirche ist, in: Zulehner – Halík, Rückenwind für den Papst, 139–158.

Žak, Franz: Konzils-Notizen. Hg. von Heinrich Fasching. St. Pölten 2005.

Zulehner, Paul M.: Selbstheilungskur für die Kirche, in: Krämer –Vellguth, Evangelii gaudium, 41–55.

–: Zum Geleit, in: Schaffelhofer, Werft die Fesseln ab, 11–13.

Personenregister

2022
© Verlagsanstalt Tyrolia, Innsbruck
Umschlaggestaltung, Layout und digitale Gestaltung: Tyrolia-Verlag
Druck und Bindung: FINIDR, Tschechien
ISBN 978-3-7022-4063-9 (Buch)
ISBN 978-3-7022-4091-2 (E-Book)
E-Mail: buchverlag@tyrolia.at
Internet: www.tyrolia-verlag.at